신용평가사가 들려주는
산업이야기 3
러-우전 이후의 세계

신용평가사가 들려주는 산업이야기 3
러-우전 이후의 세계

초판 1쇄 발행 2023년 4월 10일

지은이 김명수, 최우석, 이혁준
펴낸이 장길수
펴낸곳 지식과감성#
출판등록 제2012-000081호

교정 한장희
디자인 이현
편집 이현
검수 정은솔
마케팅 정연우

주소 서울시 금천구 벚꽃로298 대륭포스트타워6차 1212호
전화 070-4651-3730~4
팩스 070-4325-7006
이메일 ksbookup@naver.com
홈페이지 www.knsbookup.com

ISBN 979-11-392-1013-2(03320)
값 13,000원

- 이 책의 판권은 지은이에게 있습니다.
- 이 책 내용의 전부 또는 일부를 재사용하려면 반드시 지은이의 서면 동의를 받아야 합니다.
- 잘못된 책은 구입하신 곳에서 바꾸어 드립니다.

지식과감성#
홈페이지 바로가기

러-우전 이후의 세계

신용평가사가 들려주는
산업이야기 3

김명수, 최우석, 이혁준 지음

러-우전 이후 국제정치·경제·산업동향을
전격 분석한 최신작

지식감정

I
국제금융환경의 변화

1. 슈퍼달러 시대의 우려 | 김명수 16

1. 슈퍼달러의 원인 16
2. 유럽 중앙은행의 딜레마 19
3. 중국 정부의 딜레마 25
4. 일본 정부의 바람 31
5. 결론 33

참고 문헌 35

2. 신(新) 냉전의 새 해법 | 김명수 38

1. 저유가 불러온 냉전 종식 38
2. 트럼프의 신(新) 냉전 39
3. 신(新) 냉전의 새 해법 40
4. 안도하는 한국 경제 48

참고 문헌 50

3. 흔들리는 은행, 다가오는 바젤Ⅳ | 이혁준 52

1. 바젤 I : BIS자본비율의 탄생과 위력 52
2. 바젤 II : 적격 외부신용평가기관(ECAI)과 내부등급법 54
3. 바젤 III : CoCo본드와 Bail-in의 도입 57
4. 바젤 IV : 무너진 신뢰, 그리고 재건의 필요성 59

국제경기변동

1. 스태그플레이션의 지역화 | 김명수 66

1. 스태그플레이션과 한국 경제 66
2. 2022년, 스태그플레이션인가? 71
3. 유럽의 현실 73
4. 부활하는 미국 제조업 78
5. 결론 – 유럽을 덮치는 불황의 그림자 84

2. 유럽 산업 공동화의 시작 | 김명수 88

1. 두 개의 사건 88
2. 척박해지는 유럽 산업환경 91
3. 중국으로 가는 길 96
4. 몰락과 번영의 갈림길 98

3. 나토 마드리드 회의의 산업적 의미 | 김명수 102

1. NATO 마드리드 회의가 남긴 것 102
2. 부상하는 원전산업 104
3. 부상하는 방위산업과 서구의 준비부족 111
4. 결론 – 준비된 자에게 오는 기회 117

경제 패러다임의 변화

1. 패권국가의 산업정책과 신용위험 | 최우석 124
1. 근대 산업정책의 교과서 영국 125
2. 2차대전과 냉전에서 승리한 미국 128
3. 계획경제 실패 후 시장자유화로 성장한 중국 131
4. 부가가치 사슬에서 다시 중요해진 제조업 138
5. 패권경쟁국의 산업정책 앞에 선 한국기업 142
참고 문헌 144

2. 체제경쟁의 단계로 진입하는 미·중 패권경쟁 | 김명수 146
1. 중동 화해의 중재자, 중국(?) 146
2. 해묵은 국가체제 논쟁 148
3. 현대 국가체제 경쟁 제2라운드 153
4. 본격화되는 국가통치체제 경쟁 158
참고 문헌 160

서문

작년 봄 『산업이야기 2』를 내고 나서 1년 만에 3권을 내게 되었다. 2022년 2월 24일 우크라이나 전쟁 발발 후 상상을 초월하는 국제 정치·경제적 변화가 있었다. 이제 고요히 앉아 지난 1년을 돌아볼 시점이다. 무슨 일들이 벌어졌던가?

전쟁이 터지자 석유·가스가격이 폭등하고 인플레이션에 놀란 Fed는 금리를 광속으로 올리기 시작했다. 세계의 주식과 채권가격이 동시에 무너졌고 세계 금융시장은 미국 재무부 채권으로 대거 몰려갔다. 유로·엔·파운드·원화 등이 곤두박질쳤고 각국 중앙은행은 금리인상을 서둘러야 했다. 금리인상을 할 수 없는 일본은 비축 달러를 동원해 시장개입을 해야만 했다.

반면 미 행정부는 IRA(인플레이션 감축법)와 CHIPS Act(반도체 지원법)를 통과시키며 반도체, 전기차, 배터리 등 첨단산업과 재생에너지에 대해 대규모 보조금을 지급하기로 했다. 통화정책은 긴축적이고 재정정책은 완화적이다. 유럽은 환경규제와 높은 에너지 가격으로 해외로 공장을 옮기고 있던 참이고 여기에 한국·일본·대만 등 동아시아 제조 강국들도 미국 보조금을 얻기 위해 미국으로 몰려가고 있다. 유럽의 산업 공동화와 미국의 투자 붐이 희비의 쌍곡선마냥 엇갈린다.

다국적 기업들은 지난 30년간 글로벌라이제이션 시기에 저임금을 찾아 후진국으로 뻗어 나갔지만 이제는 거꾸로 세계 최고 임금의 미국에 투자한다. 보조금도 이유가 되지만 결국 세계 최대의 첨단 공산품

시장인 미국을 놓칠 수 없기 때문이다. 유럽은 스태그플레이션에 빠지고 동아시아는 정체하지만 미국은 역대 최저 실업률이다.

급격한 금리 인상은 경제에 거대한 해악을 끼친다. 거시변수의 움직임은 상대를 가리지 않고 충격을 주기 때문이다. 그럼에도 미국이 2022년 3월 금리를 0~0.25%에서 1년만인 2023년 3월 4.75~5%로 수직상승 시킨 첫 번째 이유는 인플레이겠지만, 그 두 번째 이유는 중국으로의 자금유입을 막기 위해서가 아닐까?

지난 20년간 황금기를 누리던 빅테크, 바이오, 스타트업 기업들이 마른 자금줄에 신음하고 이머징 마켓에도 찬바람이 불지만 가장 충격을 받을 나라는 아마 중국이 될 것이다. 투자자금 수요가 많은 중국기업들은 미국 재무부 규제로 월가 IPO가 사실상 막혔다. 부채비율 평균 300%에 육박하는 중국기업들과 부실이 염려되는 부동산기업들에 해외 자본들이 과거의 낮은 금리로 대출해 주기 어려울 것이다. 주식·채권시장에서 자금조달이 막힌 중국 산업계는 이제 무역흑자와 해외 직접투자(FDI)에 의존할 수밖에 없다.

그러던 중 2023년 3월 미국 내 실리콘밸리은행 등 몇 개의 군소은행에 뱅크런이 일어났다. 스위스 크레딧스위스는 UBS로 넘어갔고 유수의 유럽 은행들의 미래도 의심받는다. 미국 FRB는 자국의 금융대란으로 번질지 모를 공격적 금리인상 정책을 더 이상 펼칠 수 없게 되었다. 한두 번의 소폭 인상이 있을 수도 있겠지만 금리인상은 이제 거의 종착역을 향해 간다.

  금리인상이 종료되면 과거로 돌아갈 수 있는가? 그럴 수 없을 것이다. 고금리라는 거시경제환경이 자리를 잡고 난 다음 꺼낼 미국의 카드는 미시경제정책일 것이다. 세계 최고의 구매력(Buying power)을 앞세워 중국의 무역흑자와 해외기업의 대 중국 FDI를 억제해 나갈 것이다. 어쩌면 중국의 ●북한 지원과 ●러시아 거래를 빌미로 특정 산업 분야에 대한 경제제재(Economic Sanction)를 가할지도 모른다.

  전쟁은 러시아와 우크라이나에서 일어나고 있지만 정작 약화되는 것은 유럽과 중국이다. 고금리라는 거시정책 변화로 유럽과 중국 경제가 약화되는 것은 우연일까? 산업이 약해지면 경제가 어려워지고 경제가 어려워지면 그 나라의 국제정치적 위상도 낮아진다. 금리인상 행진은 이제 곧 종료되겠지만 부활할 각국의 산업정책과 무역정책이 국제 무역환경을 어지럽힐 것이다. 만일 중국에 대한 경제제재가 현실화되면 특정 산업에서는 무역 자체가 불가능해질지도 모른다. 자유무역에 의존하는 한국경제에 어떤 어려움이 닥칠지 지난 1년보다 앞으로 1년이 더 걱정되는 이유다.

  금번에 펴내는 3권에서는 지난 1년간 벌어진 급박한 국제 정치경제적 사건들의 의미를 밝혀보려 애썼다. 필자의 우려는 러-우전 발발 후 스태그플레이션이 올 것인가에서 출발하여 국제금융시장의 환율과 금리를 가로지르더니 결국에는 자유민주주의와 중국특색 사회주의간의 체제경쟁이라는 생각으로까지 번져나갔다.

　여기에 때마침 최우석 기업평가본부장이 산업정책을 역사적 관점에서 조망하였고, 이혁준 금융평가본부장이 고금리 시대에 은행 건전성 강화를 위한 신 BIS 기준의 필요성을 밝혔다. 모두 독립적 에세이이므로 관심 가는 것부터 읽어도 무방하다.

　안개 속에 눈을 감고 걷는 격이라 올바른 의견이 하나라도 있으면 다행이다. 본서를 통해 독자들께서 난마처럼 얽힌 국제 정치경제 상황을 이해하는데 조금이라도 도움이 되면 보람이 있겠다.

2023년 3월 27일
저자들을 대표하여 김명수 씀

I
국제금융환경의 변화

1.
슈퍼달러 시대의 우려

슈퍼달러 시대의 우려 [1]

김명수

1. 슈퍼달러의 원인

(1) 경상수지와는 무관

올해 2월 우크라이나 침공 이후 달러를 제외한 세계 주요 화폐의 가치가 급락하였다. 엔화는 25% 절하되어 달러당 140엔 시대를 맞이하였고, 원화도 15% 하락하며 1,400원 시대를 열었다. 관리변동환율제 하의 중국 위안화는 10% 하락하며 달러당 7위안 시대로 복귀하였고, 유로화도 12% 하락하여 달러당 1유로로 내려앉았다. 20년전 유로화 출범 당시 1유로당 1.3달러로 정하며 강한 통화를 표방했던 유로화는 이제 유로당 1달러를 하회하는 값싼 통화로 전락한 것이다. 전쟁과 에너지위기를 맞아 단순히 '안전자산으로의 도피'로 볼 문제만은 아니다.

환율은 일국의 대외거래, 즉 외환의 수요와 공급에 의해 결정된다. 외환의 수급을 결정짓는 두 개의 큰 시장이 있으니 그것이 바로 실물

---

1) 이 글은 2022년 9월 26일 게재된 글이다.

시장과 자본시장이다. 실물시장은 무역수지를 포함한 경상수지를 결정한다. 무역거래에서 수출이 많으면 달러 공급이 풍부해져 로컬화폐가 강해지고(평가절상, 환율인하), 수입이 많으면 달러 수요가 많아져 로컬화폐가 약해지는(평가절하, 환율인상) 것은 당연한 이치다.

세계의 수많은 나라 중 무역흑자를 누리는 나라는 제조 강국인 유럽의 독일과 아시아의 한, 중, 일, 대만 정도에 불과하다. 독일 +2,500억불, 중국+4,000억불, 한국 +800억불 수준이고, 일본은 무역수지는 BEP수준이지만 플라자 합의 이후 엔고시대 극복을 위해 일본 대기업들이 대거 해외로 진출하였고, 해외투자법인의 이자·배당금 수익이 +2,000억달러에 육박한다. 세계화, 현지화란 측면에서 선두주자가 바로 일본이다. 그 외 무역흑자국은 에너지·원자재를 수출하는 중동 국가들과 러시아, 노르웨이, 호주 정도에 불과하다.

무역수지와 경상수지는 일국 경제의 펀더멘탈을 이룬다. 이것이 흑자를 보일 때 해당국 화폐는 강세를 보인다. 에너지 가격 급등으로 이들 제조강국의 무역수지가 악화되고 있지만 그들이 수십 년간 축적한 엄청난 외환보유고에 비하면 큰 문제가 아니다. 그런데 이들 국가의 화폐가치가 급락하고 있다.

반면 세계 최대의 수입국은 당연히 미국이다. 무역으로만 따지면 평년에 △6,000억불 수준의 적자를 보이다 코로나 팬데믹 기간 중이던 2021년에는 △8,591억불을 기록하였다. 이런 나라의 화폐가치가 급등하고 있다. 무역수지와 경상수지는 지금의 슈퍼달러 시대를 설명하

지 못한다. 문제는 자본수지이다

(2) 문제는 이자율

슈퍼달러 등장은 오로지 미국 FRB의 금리인상 때문이다. 특정 국가의 금리가 인상될 경우 금리차를 이용하고자 해당 국가 화폐에 대한 수요가 늘어난다. 이를 재정거래(arbitrage)라 한다. 쉽게 말해 미국 FRB가 금리를 75bp 올리면 한국 국채를 팔고 이자를 더 많이 주는 미국 국채로 움직인다는 말이다. 따라서 달러에 대한 수요가 증가해 자연적으로 달러 가치가 상승한다.

달러가치 상승이 이루어지면 재정거래와 더불어 투기거래(speculation)가 따라붙는다. 1달러당 1,200원이던 대미 환율이 1,400원으로 되면 환차익을 기대한 투기세력이 달러를 적극 구매하게 된다. 달러당 1,400원에 샀다 1,500원으로 오르면 앉아서 100원을 벌 수 있기 때문이다.

기업의 회계담당자는 해외에서 송금 받은 외화 매출대금을 하루라도 늦게 환전하여(달러시장에 공급을 늦추어) 회사의 이익에 기여하고자 한다. 자녀를 유학 보낸 부모는 달러가 급등 움직임을 보이자 1년치 집세를 선불로 보내고자(달러시장에 수요를 증가시키고자) 한다. 전형적인 투기수요에 이런 요소들이 모여 달러가 급등하는 것이다.

한편 이자율이 오르면 그 경제는 신음한다. 주식과 부동산 가치가 하락하고 무엇보다 기업들이 투자를 미룬다. 이자율 상승으로 로컬 화폐의 가치가 오르면 수입품 가격이 싸져 국내 제품들은 경쟁에 밀리며 내수시장에서 도태되어 나간다. 국내경기가 침체하고 실업이 증가하고 사회가 불안해진다.

그런데 미국 FRB는 용감하게 금리를 크게 그리고 자주 올리고 있다. 그러면서 현재 3.5% 수준의 실업률이 내년에 4%대로 상승하고 경제성장률도 2%를 하회할 것이라고 경고한다. 그러나 미국같이 큰 경제규모에서 4%대 실업률은 사실상 완전고용을 의미한다. 미국 정부의 속내는 미국 경제가 금리인상을 견뎌낼 만큼 튼튼하다고 믿는 것이다. FRB는 소위 미래 금리를 예측하는 금리 점도표란 것을 보여주며 인플레를 잡기 위해 내년에도 금리를 계속 올릴 수 있다고 암시한다.

이제 환율 방어를 위해 다른 나라 중앙은행들이 나서야 할 때가 되었다. 한국이 OECD 국가 중 제일 먼저 금리를 올렸다. 영국, 스위스, 캐나다, 스웨덴, 호주 중앙은행도 따라 나섰다. 하지만 이들보다 거대 경제권인 유럽, 중국, 일본 중앙은행의 대응이 중요하다. 이들은 금리를 올릴 수 있을까? 답부터 말하자면 '이들은 금리를 올릴 수 없다'.

2. 유럽 중앙은행의 딜레마

(1) EU와 유로화의 태생적 한계

EU는 유럽대륙이 1·2차 세계대전과 냉전이란 분열의 한계를 극복하고 패권국가 미국에 대응하기 위한 노력의 결정체이다. 선진 경제권이 긴 하지만 작은 국가들로 나뉘어져 국제사회에서 영향력이 미미하던 유럽 국가들은 EU로 통합되며 세계 정치경제의 한 축으로 재탄생하였다.

EU는 국제교역에서 강력한 협상력을 갖추고, 거대 단일 소비시장을 배경으로 외국인 직접투자를 유치하여 고용창출과 자본유입도 가능했다. 무엇보다 대미 협상력이 크게 제고되었다. 과거 독일, 프랑스가 미국과 갈등이라도 생기면 개별적으로 대미 협상을 하며 느끼던 버거움도 사라졌다. EU 집행위원회, 유럽 의회, 유럽 사법재판소 같은 초국가적 기구를 내세워 미국의 압력에 대응하면 되는 것이다. 물론 배후 조종은 독일과 프랑스의 몫이다.

EU의 경제통합을 상징하는 것이 유로화이다. 2002년 EU의 법정통화가 된 유로화는 EU회원국 27개국 중 19개국에서 사용하고 있다. 여기에는 독일, 네덜란드, 핀란드 등 재정이 건전한 국가들도 있지만, 그리스, 포르투갈, 스페인, 이탈리아 등 정부 부채비율이 높은 남유럽 국가들도 섞여 있다.

유로화는 2002년 출범 당시 회원국 통화의 가중평균치를 적용하였다. 독일 마르크화는 유로화 대비 매우 비싼 통화였고, 그리스 드라크마화는 유로화에 비해 매우 싼 통화였지만 두 나라는 이제 같은 유로화를 쓰게 된 것이다.

유로화를 쓰게 되자 통일의 후유증으로 10여년간 신음하던 독일 경제가 날아올랐다. 거대해진 유럽시장에 마르크화보다 값싼 유로화를 이용해 수출드라이브를 걸 수 있게 된 것이다. 자동차, 석유화학, 철강, 기계, 광학제품 등 제조업 전 부문에 걸쳐 유럽시장을 접수해 나갔다.

 가난하던 그리스도 수지맞았다. 1932~1964년까지 무려 33년간 모라토리엄 상태였고 1990년대 초반만 해도 10년물 국채 이자율이 25%를 넘던 그리스가 유로존에 편입된 후 신용등급이 상승한 것이다. 부자나라 클럽인 유로존 편입 이후 그리스는 독일과 비슷한 3~4%대의 이자율로 돈을 빌릴 수 있게 되었다.

 드디어 그리스는 국운 상승의 기회를 잡았다. 어차피 제조업은 없으니 독일과 경쟁할 일이 없고, 조상으로부터 물려받은 빛나는 유적을 관광자원화하기 위해 대대적인 정비와 인프라 투자에 나섰다. 가난한 나라에 세수가 있을 리 없으니 일단 국채를 발행해 기반시설(공항, 항구, 도로 등)에 투자하고 관광자원을 관리하기 위한 인력을 공무원으로 대거 채용한다. 부유한 서유럽 관광객들을 모시려면 쾌적한 시설이 기본이니 정부는 호텔, 리조트 건설을 독려하고 부동산 가격도 같이 폭등한다. 물가가 오르고 공무원들이 박봉을 호소하면 미래 연금 제공 약속으로 무마해 나간다. 정부 부채가 늘어 걱정이지만 어차피 한참 뒤 일이지 않는가? 굶어 죽으나 빚에 눌려 죽으나 매한가지다. 이 길로 달리지 않으면 성장의 기회도 없고 성장하지 않으면 빚을 갚을 방법이 없으니 앞만 보고 달린다.

위태롭던 그리스 경제는 2008년 미국 서브 프라임 사태가 터지면서 파탄 났다. 3~4%대를 기록하던 그리스 10년 만기 국채이자율이 2009년 6%를 돌파하였다. 당시 그리스의 GDP대비 정부부채비율은 170%, GDP 내 정부예산비중이 약 40%이니 국채 이자율이 1% 오를 때마다 정부예산의 4.25%를 이자지급에 써야 한다(1% * 1.7배 / 0.4 = 4.25%). 이자율이 6%라면 정부예산의 25.5%를 이자지급에 써야 한다는 말이다. 아무도 그럴 수 있을 거라 믿지 않았다. 2011년 말 국채 이자율이 35%까지 올랐다. 디폴트가 눈앞에 다가왔다.

그리스만이 문제가 아니었다. 관광산업으로 말하면 경쟁관계에 있던 포르투갈, 스페인, 이탈리아도 뒤질 수 없다. 제조업이 빈약한 포르투갈, 스페인은 관광산업에 집중할 수밖에 없었다 치지만 건실한 공업국이던 이탈리아도 후진적인 남부 지역 개발을 위해 대규모 재정을 투입했다. 모두 관광산업 육성을 위해서다. 제조업에서도 옆 공장이 설비를 확장하면 우리 공장도 뭔가를 해야 되는 것이 정한 이치다. 포르투갈, 스페인, 남부 이탈리아에 부동산 붐이 일고 이들 모두 정부부채비율이 120%를 넘었다.

게다가 이들 국가들의 국채는 주로 프랑스 은행들이 투자했다. 독일 도이체방크, 스위스 UBS, 크레딧스위스 등은 글로벌 투자은행을 표방하며 뉴욕 월가로 진출했다. 프랑스 민간은행들은 유럽에 머물렀고 이들이 남유럽 국가들의 국채를 인수해 주었다. 2011년말 기준 PIGS[2]

---

2) 남유럽 국가 포르투갈, 이탈리아, 그리스, 스페인의 이니셜 따 PIGS 라 한다.

국채의 32%를 BNP파리바, 소시에테제네랄, 크레디아그리콜 등이 보유하였다.

이제 사태의 본질이 분명해졌다. 그리스의 디폴트로 끝날 일이 아니라 남유럽 국가들, 나아가 프랑스 민간은행으로까지 부실이 전염된 것이다. EU와 유로화가 출범 10년만에 누란의 위기에 처했다.

(2) 봉합된 PIGS 국채 문제

유럽중앙은행(ECB)은 법률상 구제금융이 금지되어 있다(No Bailout Clause). 위기 극복을 위해 유로화 사용 최대의 수혜자 독일이 나설 수밖에 없다. 독일 주도로 2012년 9월 총 1조2천억 유로(출자금 7,000억, 대출금 최대 5,000억) 규모로 유럽안정화기구(ESM, European Stability Mechanism)가 출범하며 1차 발행시장에서 PIGS 국가의 1~3년 만기의 국채를 매입해주기로 하였다. 만일 민간 투자가들이 PIGS 국채 매입에 참여했다가 나중에 매각하고 싶다면 2차 유통시장에서 이를 모두 받아주도록 보장하였다. 이른바 증권시장 프로그램(SMP, Securities Market Programme)이다. ESM, SMP는 모두 PIGS 국채 시장에 민간 투자가들을 끌어들이기 위한 것이다.

이제 ECB가 등장할 차례다. PIGS 국채에 물린 프랑스 은행들의 자금난을 고려하여 ECB가 장기저리자금대출(LTRO, Long-term Refinancing Operation, 속칭 사르코지 트레이드)를 제공하였다. 마리오 드라기 총재는 SMP를 대신하여 아예 ECB가 PIGS 국가들의 3년 이하 국채들을 무제한으로 매입해 주겠다는 전면적 통화거래(OMT, Outright Monetary Transaction)를 약속하였다. 그제서야 PIGS 국채시장이 진정되었다. ECB도 구제금융을 하는 것이 아니라 프랑스 은행에 대출을 해 주고, 2차 유통시장에서 국채를 사는 것이니 불법은 아니다. 이로써 PIGS 문제는 봉합되었다.

OMT 프로그램은 사실상 유럽 중앙은행의 구제금융이다. 양적완화로 시중에 넘쳐흐를 유동성과 인플레 압력이 두려운 EU회원국들은 2012년 1월 미리 모여 과거 방만한 재정운영을 '반성'하고 앞으로 건실한 재정을 달성할 것을 '다짐'하는 시간을 가졌다(안정·조율·거버넌스 조약, TSCG, Treaty on Stability, Coordination and Governance). EU 출범 당시 GDP 대비 정부부채비율을 60% 이하, GDP 대비 재정적자 비율을 3% 이하로 유지하기로 한 초심을 잃지 않기로 서로 약속하고, 이 사태의 원흉 그리스에게는 조속히 정부부채비율을 120% 이하로 낮추도록 요구하였다.

늘 그렇듯 이런 약속은 사문화된다. TSCG는 재정건전성을 위해 경기부양을 금지하는 것과 마찬가지인데 원래 허약한 경제일수록 경기부양에 기댈 수밖에 없다. 게다가 코로나 팬데믹을 거치며 관광산업에 의지하던 남부유럽에 손님이 끊기자 정부는 국민 생활 지원에 나설 수밖에 없었고 정부부채비율은 오히려 크게 증가하였다. 포르투갈, 스페인, 이탈리아는 150% 내외이고 그리스는 무려 236%에 이른다. EU의 주축국인 독일은 아직 건강하지만(68%) 프랑스도 이제 123%이다. 프랑스와 PIGS 국가들은 오십보 백보 처지다.

ECB가 FRB를 따라 금리를 크게 올린다면 어떤 일이 일어날까? 남유럽의 정부부채는 10년 전보다 훨씬 커졌고 이들 국가들의 국채 이자율은 놀란 토끼마냥 뛸 것이다. PIGS 재정위기가 재연되면 이번에는 오롯이 독일 혼자 막아내야 한다. 독일 경제는 아직 건실하지만 우크라이나 전쟁과 에너지 위기로 완연한 침체국면을 보이고 있고, 앞으로 독일 경제의 조속한 반등을 낙관하는 사람은 아무도 없다. ECB의 사실상 최종 대부자인 독일이 2012년과 같이 믿음을 주지 못한다면 EU와 유로의 미래는 어떻게 될지 아무도 모른다. ECB도 FRB를 따라 최근 금리를 올리기 시작했지만 어디까지 따라갈 수 있는지 두고 볼 일이다. 유로의 미래는 암울하다.

3. 중국 정부의 딜레마

(1) 중앙집권과 지방자치

공산주의는 혼란스러워 보이는 자본주의 시장경제를 대신하여 중앙정부의 계획하에 질서정연하고 신속한 경제발전이 가능하다고 생각하므로 생래적으로 중앙집권적이다. 낙후한 러시아가 1917년 소비에트 체제로 전환한 후 2차대전 직전까지 연간 10% 이상의 성장세를 보였고, 중국 공산당도 1949년 통일 후 10년간 비약적인 경제성장을 하였다. 그러나 10년간의 성과에 고무된 모택동이 1958년부터 시작한 자급자족적 '대약진운동'의 결과는 참혹하였고, 이후 2선 후퇴한 모택동이 자신의 권력회복을 위해 중국을 유혈 정치투쟁으로 몰고 간 결과가 이른바 '문화혁명'이란 것은 널리 알려진 사실이다.

등소평의 위대성은 1840년 아편전쟁 패배 이후 한세기 반 동안 지속된 중국인들의 발전 조급증을 잠재우고 중국인 전통의 실용주의(흑묘백묘론)와 만만디 전략(삼보주 三步走, 의식주 확보, 소강사회 건설, 중국주도경제의 3단계 전략)으로 돌려놓았다는 데 있다. 유사 이래 중국 대륙은 항상 외침의 와중에 있었고, 한족(漢族)은 외래족들을 문화적으로 동화시키며 자신의 정체성을 지켜왔으며, 그 결과는 언제나 더 커진 중국이었다. 등소평은 서구문명의 압도적 우위에 질려 패닉상태에 빠진 중국민족에게 패배감에서 벗어나고 수천 년간 이어온 자신의 강점을 다시 인식시키는 데 성공한 것이다.

등소평은 자신의 비전을 실현하기 위해 우선 권력을 나누었다. 친위부대격인 혁명세대를 멀리하고 가급적 신진 기술관료를 중용해 이들에게 정책결정권을 위탁하였다. 공산주의에 내재하는 중앙집권적 성향을 누르고 권력을 지방으로 하방(下放)하였다. 광활한 중국의 개혁개방은 중앙정부와 지방정부가 힘을 합해야 하기 때문이다.

등소평은 과거의 중앙정부가 세수(稅收)를 확보해 지방정부에게 교부금을 지원해 주는 방식을 버리고 1983년 세제개혁을 통해 지방에서 발생한 세수를 지방에 유보하도록 하였다. 더 나아가 지방정부가 투자 및 외자 유치에 대한 승인 권한을 가지도록 하였다. 즉 경제 자치권을 허용한 것이다.

이로써 지방정부는 빈약하나마 안정적 세수기반을 확보할 수 있게 되고, 공산화 후 전면 국유화되었던 토지의 '사용권'을 매매함으로써 추가 재정수입을 발생시킬 수 있게 되었다. 수입이 되므로 지방정부는 경쟁적으로 외자유치와 부동산 개발을 나서게 된다. 이에 따라 총 재정수입 중 지방정부의 비중이 1981년 46%에서 1992년 72.9%로 급증했다.

권리 확대는 의무를 수반한다. 공산주의 하에서 국민들은 거의 대부분의 서비스를 무상으로 인식하였고 이를 만족시킬 의무가 지방정부에 부여된다. 교육, 의료, 복지, 도시 인프라, 경제활성화와 실업구제, 노령연금 등 국민들의 생활과 관련된 대부분의 것들이 지방정부의 몫이 되었다.

중앙에서 파견된 관료들은 외자유치 실적, 도시화율, 고용률, 지방별 성장률 등에 따라 고과가 매겨지고 중앙무대 출세길이 열리니 경쟁적으로 사업성과를 내기 위해 애쓴다. 경제가 비약적으로 성장하고 국민 생활도 개선되었다.

(2) '94년 지방개혁의 후과

반면 부작용도 없지 않으니 바로 모방정책이 남발된다는 것이다. 절강성에 조선소를 유치하면 산동성도 조선소 건설에 나서고, 어촌이던 선전에 고층빌딩이 들어서면 고도(古都) 광조우에도 마천루를 올려야 한다. 고정자산의 중복투자가 발생하고, 부동산 버블이 조장되었다. 중앙정부는 문제가 터지기 전까지 통제권을 행사하지 못했다.

1993년 등장한 장쩌민은 1994년 지방정부의 권한을 축소하는 개혁 조치를 단행한다. 이른바 '분세제(分稅制)'를 도입하고, 지방정부의 지방채 발행을 금지시켰으며, 지방정부의 기구와 인원을 감축하였다.

'분세제'란 새로 도입하는 세금(예를 들어 부가세)의 75%를 중앙에, 25%를 지방에 귀속시킨다는 것이다. 이는 1983년 개혁조치의 중앙 대 지방 세수 비율을 역전시켰다. 1994년 개혁으로 지방세 세수기반이 약화되고 지방채 발행이 금지[3]되자 국가 재정의 80%를 분담하고 있는 지방정부의 활로는 토지 '사용권' 매각밖에 없었다. 지방정부는 부동산 개발사업에 목을 맸다.

중앙정부는 지방정부를 돕기 위해 제도적 환경 조성에 나서야 했다. 외국 기업이 안심하고 투자할 수 있게 1997년에는 사기업을 공식적으로 인정하였고, 1999년에는 계약법을 통과시켜 몰수 및 징발의 위험성을 사실상 배제시켰다. 2001년에는 WTO에 가입하였고 2004년에는 헌법 수정을 통해 사유재산권에 대한 불가침이 법률화되었다. 마침내 2007년에는 물권법을 통과시켜 사용연한이 70년으로 제한되던 주택용지에 한해 영구 사용권을 인정하자 60년 동안 숨어 있던 중국인들의 주택 소유 욕구가 폭발했다.

이 정책은 대 성공을 거두었다. GDP 성장에 고정자산 투자가 50%

---

[3] 중국정부는 2009년 법개정을 통해 2011년부터 시험적으로 지방채를 발행하였고, 지금은 연간 한도를 정해 지방채를 발행하고 있다. 2022년 한도는 3조6500억위안이나 지방재정 필요규모에 비하면 턱없이 부족한 금액이다.

이상 기여했고, 2010년 이후 고정자산투자 중 지방정부가 90%를 담당했다. 고정자산 투자로 지방정부는 토지사용권을 팔 수 있었고 세수도 확보하였다. 국영은행이 인플레 우려로 대출을 조여 돈이 부족하면 홍콩으로 달려가면 되었다. 노련한 홍콩 금융인들의 안내에 따라 지방정부자금조달기구(SPC 형태의 LGFV, Local Government Financial Vehicle)를 설립하고 증권사, 신탁회사, 자산유동화회사 등을 통해 해결하였다. 부외부채 방식(이른바 그림자금융)이니 중앙정부로부터 지적 받을 일도 없고 중앙정부도 순탄한 성장에 일부러 눈감는다. 지방정부는 충분한 재정을 확보할 수 있고 중앙정부는 내치와 관련된 비용을 지방정부에 전가할 수 있었다.

부동산 시장 호황기에 이런 방식은 아무 문제가 없다. 그러나 부동산 시장에 불황이 오면 토지사용권 가격이 하락하고 개발 사업은 연기되거나 취소되며 고정자산은 말 그대로 고정화(illiquid)되어 현금흐름을 압박한다. 2021년 9월 헝다 사태가 터졌다. 지방정부의 재정조달 메커니즘이 망가졌다.

(3) 지속 가능하지 않은 모델

중앙정부는 그 동안 지방정부에게 국민 생활에 대한 거의 전적인 책임을 지우고 풍부하게 확보한 세수와 외화로 대국굴기를 준비해 왔다. 해외 인프라 건설에 나서고(일대일로 계획), 자원을 입도선매하고, 우주사업을 벌리고, 국방력을 강화한다. 중국제조 2025를 위해 10대 첨단산업에 막대한 보조금을 퍼붓고 국부펀드를 앞세워 외국기업 M&A

에도 나선다.

　중앙정부의 사업에는 국유기업들이 동원된다. 철강, 화학, 조선, 통신, 석유 및 자원개발 등을 전담하는 국유기업들은 이미 과부채 상태이지만 4대 국영은행으로부터 저금리에 자금지원을 받는다. 여기에 반도체, 전기차, 배터리, 디스플레이, 플랫폼, AI, 바이오 등 신산업 분야 기업들도 준 국유기업 대우를 받으며 수익성 개념 없이 무한정의 자금지원을 받으며 해외 공략에 나선다.

　지방정부는 토지 사용권 매각 대금으로 내치를 전담해 왔다. 서부 내륙지역을 개발하고, 도시 인프라를 정비하고, 국민들에게 교육·의료·보건복지를 제공한다. 그러나 부동산 사업이 정지한 지금, 지방정부의 재정은 거덜났고 중앙정부는 이들 지방정부에게 거액의 교부금을 지급해야 한다. 부동산 개발 사업으로 거대해진 지방정부 부채도 그 최종 책임자는 중앙정부이다. GDP대비 20%로 세계 최저수준인 중앙 정부 부채비율에 안심할 수 없는 이유다. 1994년 이후 성공적이던 중앙-지방 정부간 역할분담 모델이 한계에 달했다.

　이제 중국이 저금리를 유지하는 이유가 분명해진다. 중국몽 실현의 주체인 국유기업의 수출 활성화를 위해 위안화는 싸게 유지되어야 하므로 금리는 낮아야 한다. 과부채 상태의 국유기업의 재무건전성을 위해서도 금리는 낮아야 한다. 지방정부의 재정을 떠받치는 부동산 개발 사업을 위해서도 금리는 낮아야 한다. 그림자금융에 신음하는 지방정부의 이자부담을 낮추기 위해서도 금리는 낮아야 한다. 중국 중앙은행은 환율을 방어하기 위해 금리정책을 사용할 수 없다. 중국 중앙은행이 통화량 조절을 위해 지준율 조정에 의존하는 이유다.

과거 1960~1970년대 중국은 대약진 운동과 문화혁명으로 국민 경제가 피폐해진 상황에서도 인공위성과 핵개발에 매진하여 성공한 바 있다. 오늘날 중국이 50년전 상황과 똑같다 할 수는 없지만 경제성장이 정체되고 대외환경이 악화된 지금 정책의 우선순위를 국민경제 안정에 두느냐 대외과시적 국가 프로젝트에 두느냐는 중앙정부가 선택해야 할 문제다. 중국은 대국이지만 중국인들은 아직 가난하다.

등소평은 임종 전 중국 지도자들에게 앞으로 100년을 더 기다리라는 유언을 남겼다 한다. 도광양회(韜光養晦, 빛을 가리고 때를 기다린다)의 유훈은 종종 중국이 100년간 힘을 더 기른 후 세계 패권을 노리라는 말로 해석된다. 그러나 중국은 원래 자신의 힘을 외부로 발산하는 국가가 아니라 외부의 힘을 수렴하고 온축하는 국가였고 침략하기보다는 침략자를 동화시키는 문명이었다. 등소평의 진정한 뜻은 열심히 경제에 매진하고 국민생활을 돌보면 100년이 지나 자연히 중국이 세계에 우뚝 서 있을 것이니 중국인들이여 조급해 하지 말라는 유훈이 아닐까?

4. 일본 정부의 바람

일본 중앙은행의 입장은 심플하다. 엔저는 바라던 바이고 급격히 진행되지만 않으면 되는 것이다. 2012년 시작된 일본 아베노믹스는 양적완화를 통해 인플레이션을 유발하여 엔화를 약세통화로 만들고 수출 드라이브를 통해 성장하겠다는 것이었다. 겉보기에 근린궁핍화 정책과 유사해 보인다. 코로나 팬데믹을 만나 한동안 동력을 잃었던 이 정책은 미국 FRB의 금리 인상을 맞아 갑자기 실현되고 있다.

 아베노믹스는 깊은 노림수가 있다. 플라자 합의 이후 엔화는 달러당 250엔대에서 125엔으로 50% 비싸졌고 일본 기업들은 생존을 위해 해외로 공장을 옮겨나갔다. 국내 공장 가동률이 떨어지고 신규투자는 계속 해외에 이루어지니 내수경기가 엉망이 되고 일본은 '잃어버린 20년'을 겪었다.

 내수경기가 살기 위해서는 기업의 투자활동이 이루어져야 한다. 국채를 발행해 복지예산을 아무리 증액해 봐야 소용이 없다는 것은 과거 20년간 증명되었다. 그러나 아무리 일본 정부가 기업들에게 거액의 보조금을 흔들며 투자를 독려하고 해외로 옮긴 기업들의 리쇼어링을 유혹해도 장기적인 채산성이 맞지 않으면 돌아오지 않는다. 일본 기업들에게 자국 본토는 생산기지로서 매력을 잃은 지 오래다. 엔화가 약세통화가 되고 저금리가 지속되고 자유무역협정으로 일본에서 수출해도 저관세가 보장되어야 본국이 매력적인 장소로 변한다.

 아베노믹스는 단순한 근린궁핍화 정책이 아니라 "역(亦) 플라자합의"로 보인다. 기업들이 리쇼어링할 수 있는 거시경제 환경을 만들고 미국과의 자유무역 확대(예를 들어 과거 아베 총리가 추진했던 TPP)를 통해 수출환경도 개선하겠다는 복합전략이다. 기업들이 본국으로 돌아오고 고정자산 투자를 시작하고 자국에서의 수출입이 활성화된다면 일본 GDP성장이 가능하고 이는 궁극적으로 정부부채 문제 해결에도 도움을 줄 것이다.

따라서 일본 정부 입장에서 지금의 엔저는 환영할만하고 오히려 더 확대되어야 한다. 지금보다 엔저가 더 심화되더라도 일본 중앙은행은 이를 방어할 의사가 없을 것이다.

5. 결론

미국 FRB의 금리인상 움직임에 영국, 스위스, 스웨덴, 캐나다, 호주 중앙은행이 신속히 대응하고 있다. 이들 나라들은 수출 제조업이 거의 없고 공산품을 대부분 수입하며 금융업이 주력 산업인 국가들이다. 로컬화폐의 평가절하는 수입물가의 앙등으로 이어져 인플레를 심화시킨다. 금융산업 입장에서 로컬화폐가 싸진다는 것은 앞서서 해외투자에 대한 손실을 본다는 것이니 환율방어에 나서지 않으면 바로 국부 손상으로 이어진다. 이들 국가들이 금리를 신속히 올리는 것은 당연한 일이다.

한국, 중국, 일본, 독일과 같은 제조 강국들은 언제나 로컬화폐의 평가절하를 원한다. 수출이 힘들어지면 로컬화폐를 떨어뜨리는 근린궁핍화 정책도 마다하지 않는다. 수출시장에서 시장점유율을 늘릴 수 있고 기업 수익성이 개선되고 고용환경이 좋아지기 때문이다. 그러나 지금과 같이 슈퍼달러 대비 모든 로컬화폐의 가치가 떨어질 때에는 시장점유율에 큰 변화가 있을 수 없다. 기업 수익성은 다소 개선될 것이다.

이런 상황에서 우리나라 중앙은행이 환율정책을 독자적이고 선제적으로 결정할 이유가 없다. 아시아 제조벨트인 한중일 3개국은 함께 경쟁과 협력관계에 있고 수출 중시 경제모형인 점도 비슷하다. 중국과 일본 두 개의 거대 경제권이 어떤 정책을 펴는지 보고 결정해도 늦지 않을 일이다.

중장기적으로 슈퍼달러의 환율환경이 기업들에게 마냥 좋은 소식일 수는 없다. 미국 금융시장은 양적완화 기간 중 나스닥 지수가 16,000을 위협하는 등 거품 현상을 보이다 지금 11,000대로 내려앉았다. 유수의 헤지펀드들의 수익률이 △50%를 기록하는 등 월가의 분위기는 우울하고 미국 국민들의 은퇴생활을 보장할 401K 퇴직연금 상품의 수익률은 깊이 상처를 입었다. 이제 미국 금융산업의 활로는 어디인가?

미국 금융산업은 앞으로 막강해진 달러로 무장한 채 유럽과 아시아로 달려가면 된다. 예를 들어 삼성전자 주식은 6개월전 58달러(7만원, 달러당 1,200원 가정)에서 39달러(55,000원, 1,400원 가정)로 33% 하락하였다. 각국의 국채도 보장수익률은 낮지만 달러가격으로는 매력적이다. 미국 국채 금리를 쫓아 미국으로 환류된 달러는 이제 더 막강해진 힘으로 유럽과 아시아의 금융시장을 휩쓸 것이다.

허약한 재정을 가진 국가, 특히 남유럽의 국가들이 위험할지 모른다. 더 나아가 유로존을 지켜내기 위해 갖은 애를 쓸 독일과 프랑스 금융시장과 기업이 미국 금융자본의 표적이 될지도 모른다. 150년 전통의 도시바가 웨스팅하우스 인수에서 촉발된 회계 투명성 문제로 엘리엇의 공격을 받은 사례는 일본도 사정권에 있다는 것을 암시한다.

기업들은 낮은 지분율로 경영권 공격에 노출될 수 있고, 불투명한 상속 절차로 표적이 될 수도 있다. 기준도 불분명한 ESG를 내세운 행동주의 펀드의 공격 대상이 될 수도 있다. 아직 진행중인 슈퍼달러의 종착역이 어딜지 숨죽이고 지켜보자.

참고 문헌

1. 『글로벌경제 매트릭스 유럽편, 중국편』 임형록 저, 새빛
   통화와 금융패권을 국가전략적 측면에서 잘 해설해 놓은 책이다.

2. 『중국경제』 배리 노튼 저, 서울경제경영
   중국 경제에 대해 주류경제학 관점에서 잘 해설해 놓은 중국 경제 입문서이다.

2.
신(新) 냉전의 새 해법

신(新) 냉전의 새 해법

김명수

1. 저유가가 불러온 냉전 종식

1945년 이후 전개된 지독한 냉전을 종식시킨 것은 전쟁도 혁명도 아닌 '저유가'였다는 것은 널리 알려진 사실이다. 1979년 이란혁명 이후 급등한 유가는 배럴당 40불에 육박하였고 석유수출국인 중동과 소련 경제는 대호황을 구가했다.

1981년 집권한 로널드 레이건 미국 대통령은 현상 타파를 위해 1982년 사우디아라비아와 석유 증산을 밀약하였다. 국가 정체성을 반미로 정한 이란을 세계 석유시장에서 퇴출시키고 석유수출에 국가 예산의 60%를 의존하는 소련 경제를 타격하기 위해서는 사우디의 협조가 필수적이었다.

사우디 정부도 이를 마다할 이유는 없었다. 종교적으로 상극이고 인

---

1) 이 글은 2023년 2월 9일 게재된 글이다.

구 대국인 이란에 비해 사우디는 왕조의 정통성도 부족하고 인구도 희박해 건국이래 늘 안보 문제에 시달리고 있었다. 안보 문제의 핵심은 페르시아만을 두고 맞선 이란의 위협과 토착 부족과 결탁한 공산세력의 발호였다.

 저유가는 사우디에게도 괴로움이겠지만 부양 인구가 많은 이란에게는 치명타가 될 것이다. 공산세력을 뒤에서 조종하는 소련도 약화시킬 것이다. 사우디아라비아의 시장점유율은 수직 상승할 것이고 중동의 맹주 자리는 사우디의 몫이 될 것이다. 안보 문제는 자연히 풀릴 것이다. 사우디가 레이건의 제안에 응한 배경이다.

 82년을 정점으로 내리기 시작한 유가는 '80년대 내내 배럴당 10불대에서 머물렀고(이른바 '3저 호황') 서유럽과의 구상무역에 의존하던 소련 경제는 인민들을 위한 공산품 부족에 시달리다 1991년 스스로 붕괴되었다. 대처 총리의 말마따나 "총 한 발 쏘지 않고" 46년만에 미·소 냉전이 종식되었다.

2. 트럼프의 신(新) 냉전

 냉전 종식 이후 26년 만에 미·중 패권 경쟁이 트럼프 연간 (2017~2021)에 시작되었다. 트럼프 대통령은 26년간 지속된 글로벌라이제이션이 미국의 제조업을 중국으로 이전시켰고, 블루칼라들의 일자리를 빼앗아 중산층을 붕괴시켰으며, 다국적 기업과 월가의 소수 기득권층에게만 부를 증식시켜 양극화를 심화시켰다고 신랄히 비난하였다.

실제로 모든 데이터가 이를 뒷받침하고 있었다. 글로벌라이제이션 시기에 미국 GDP는 연평균 3%대 성장하며 20조 달러를 상회하였고 뉴욕 메인스트리트(대기업들이 몰려 있는 거리)와 월스트리트는 번영을 구가했으며 신흥 빅테크와 빅미디어들은 유럽과 아시아의 경쟁자들을 압도했다. 반면 OECD 국가 중 미국의 중산층 비중은 53%로 최하위권으로 추락했고 공립고등학교 중퇴율은 30%로 최고 수준이었으며 블루칼라들은 정규직 일자리를 잃고 디지털 플랫폼의 초단기 노동자(Gig worker)로 일자리를 전전할 뿐이었다.

트럼프가 내 놓은 해법은 '미국 우선주의' 였다. 다국적 대기업의 리쇼어링을 유도하였고, 석유 자립을 위해 셰일가스 시추를 독려하여 전후 처음으로 석유 순수출국으로 변모시켰다. 기업투자를 활성화하기 위해 저금리 정책을 펼쳤고, 석유가스 생산 확대로 유가는 안정되었다. 대외적으로는 자유무역협정을 파기·변경하였고, 특히 대(對)중국 관세를 크게 올려 무역적자 감축을 직접적으로 유도하였다. 트럼프 연간의 경제 정책은 '저금리, 저유가, 고관세' 로 요약된다. 그러나 그는 4년 단임에 그쳤고 그의 정책은 결실을 보지 못한 채 끝났다.

3. 신(新) 냉전의 새 해법

2021년 1월 집권한 민주당의 조 바이든 대통령은 국내 정책적으로 트럼프의 정책을 모두 뒤집었고 단 하나, 트럼프가 시작한 반중 켐페인은 계속할 것임을 확실히 했다. 그러나 키스톤XL 파이프라인 건설을 백지화하고 연방토지에 대한 셰일가스 시추 허가를 중지하며 대중국 관세를 인하하겠다는 계획이 어떻게 반중 캠페인으로 연결되는지 알 수 없었다. 이제 우크라이나 전쟁 발발 1년, 집권 3년차에 들어가는 지금, 바이든 정부의 반중 캠페인의 양태가 모습을 드러내고 있다.

(1) 고유가

우크라이나 전쟁은 석유대국 러시아의 국제 에너지 시장참여를 제한시켰고 유가를 폭등시켰다. 전쟁 직후 유가는 배럴당 120불을 상회하였고 이는 전 세계적인 인플레이션으로 이어졌으며 지금 현재 세계경제를 규정짓는 모든 변수들에 영향을 미치고 있다. 중국 제조기지 셧다운으로 유가는 지금 80불 수준에서 안정화되어 있지만 유가의 급등은 언제든 재개될 수 있다.

시대가 바뀌어도 석유시장의 성격은 불변이다. 원유의 단기 수요의 가격탄력성은 -0.06%으로 가격 1%의 상승에 대해 수요는 0.06% 감소에 그친다. 반면 단기 공급의 가격탄력성은 +0.04%, 장기 공급의 탄력성은 +0.35% 정도이다. 단기적으로 가격 1% 상승에 대해 공급은 0.04% 증가에 그치고 장기적으로 공급자는 0.35% 정도 공급을 늘린다는 의미다. 가격에 비해 수요와 공급이 비탄력적인 석유 시장은 공급 부족 5%에 대해 이론적으로 가격은 85%까지 상승할 수 있다는 계산이 나온다.

러시아는 일일 생산량 1,000만 배럴, 그 중 해외수출이 600만 배럴에 달한다. 만일 러시아가 석유 공급을 50만 배럴만 줄여도 가격은 언제든지 폭등한다. 미국 정부는 전략 비축유가 고갈되고 OPEC이 석유 증산을 거절하자 대체 공급원을 찾아 베네수엘라 카드를 꺼내 들었고 셰브런이 카라카스로 들어갔다. 그러나 베네수엘라 석유 생산이 재개되려면 앞으로 수 년이 걸릴 것이다.

유가의 상승은 석유 소비국, 그 중에서도 특히 개발도상국을 괴롭힌다. 석유 소비의 소득 탄력성은 거의 1.0에 가깝고, 이는 소득 10% 증가에 석유 소비도 10% 증가한다는 얘기다. 발전 수준에 따라 소득 탄력성은 달라지는데, 선진국은 에너지 집약적인 산업이 적어 소득탄력성이 0.55배 정도에 그치지만, 개발도상국은 1.1배에 이른다. 선진국은 소득 10% 증가에 석유 소비가 5.5% 증가하지만 개발도상국은 11% 증가한다는 얘기다.

세계 최대의 석유 소비국은 말할 것도 없이 미국(일 1,900만 배럴)과 중국(일 1,200만 배럴)이다. 일본은 400만 배럴을 조금 웃돌고, 한국은 일 250만 배럴수준이다. 유가의 상승은 이 모든 석유 소비국들을 괴롭히지만 그 중 중국에 가장 큰 영향을 미친다. 중국은 하루 800만 배럴의 석유를 수입해야 하고 유가 10달러 상승 시 연 292억달러를 추가 지출해야 한다(800만*10*365). 한국은 91억달러가 더 든다.

수입에 의존하는 철광석, 석탄, 구리 등 산업의 기초 소재와 육류 생산을 위한 대두, 옥수수 등 식량들의 가격도 모두 유가와 연동되어 있다. 유가가 오르면 이들 5대 원자재에 대한 외화지출도 수직으로 상승한다. 게다가 에너지 집약적 산업구조의 중국은 경제 성장률을 1%를 올리기 위해 선진국(0.55%)보다 2배 많은(1.1%) 석유를 수입해야 한다. 고유가는 개발도상국에게는 악몽과 같다.

반면 미국과 유럽은 고유가 충격에 대한 완화책도 가지고 있다. 미국은 석유 소비국이면서 생산국이고, 유럽도 석유 메이저(BP, Shell, Total, Eni, Equinor)들을 가지고 있다. 유가 상승으로 시민들이 고통을 받는다면 미국과 유럽 정부는 석유 생산기업에 횡재세를 매기면 된다. 회사별로 수 백억 불의 이익을 올렸다는 2022년 결산실적이 나오기 시작하면 미국과 EU정부들은 이들 석유 메이저들에게 본격적으로 횡재세를 매기고 거둬진 세수는 가난한 시민들에게 에너지 보조금으로 뿌려질 것이다.

끝으로 고유가는 재생에너지 사업에도 유리한 환경을 조성한다. 미국 바이든 정부와 EU 집행위원회는 태양광, 풍력터빈 등 재생에너지 사업을 진작시키고자 한다. 만일 저유가가 조성된다면 이들 사업은 정부 보조금에 무한정 의존할 수밖에 없다. 고유가로 화석연료의 채산성이 악화된다면 재생에너지 사업은 보조금을 줄이더라도 자체 가동이 가능하다.

석유 공급 부족은 언제든지 유가 앙등을 야기할 수 있고 이는 인플레이션으로 직결된다. 우크라이나 전쟁이 끝나지 않는 한, 더 나아가 러시아 석유 공급에 대한 제재가 풀리지 않는 한 언제든 석유 공급은 제한될 수 있다. 이는 모든 석유 소비국, 그 중에서도 특히 세계 최대의 석유 수입국인 중국의 무역수지를 압박할 것이다.

(2) 고금리

고유가는 인플레이션을 유발하였고 이는 곧 FED의 금리인상으로 이어졌다. 급작스런 FED의 고금리는 주식과 부동산 가치를 급락시켰고 슈퍼달러 현상을 일으켰다. 이제 환율은 다소 안정화되었고 인플레이션만 둔화된다면 FED가 방향전환(pivoting)하리라는 기대가 피어 오르고 있다. 그러나 결론부터 말하면 저금리로의 추세 전환은 요원하다.

고금리는 선진 경제에도 어려움을 주지만 중국 경제를 피폐화시킨다. 중국은 국민들로부터 거둬들이는 세입을 중앙정부와 지방정부간 75:25로 분할한다(이른바 분세제). 국민들의 생활을 책임지는 지방정부는 필연적으로 예산부족에 시달릴 수밖에 없는데 부족분을 보전하는 것이 바로 토지 매각대금이다. 지방정부의 소요 예산 중 절반 정도만 세입으로 확보되니 나머지 50%는 토지 매각에 기댈 수밖에 없다. 2021년 헝다 사태 이후 이러한 공식에 문제가 생겼고 지방정부는 지방 공무원의 급여지급을 못할 정도로 심각한 재정난에 시달리고 있다.

개발도상국은 항상 자본이 부족하고 중국도 예외가 아니다. 자본 부족의 해결을 위해 외자 도입이 필수적인데, 이을 위해 중국은 세 개의 큰 채널에 의존해 왔다. 첫째, 미국의 증권시장, 둘째, 유럽의 대출, 셋째, 외국인 직접투자다.

그런데 미국의 증권시장이 닫혔다. 트럼프 연간에 미국은 중국 기업들이 월스트리트에 접근하는 것을 제한하였다. 뉴욕 거래소에 상장된 거대 국영기업(화웨이, 에너지 및 통신관련 국영기업들)을 퇴출시켰고, 신규 IPO를 제한하고 이미 상장된 회사들은 SEC가 회계감사를 할 수 있도록 강제하였다. 중국기업들이 월가의 투자은행 자금을 이용하는데 제동이 걸렸다.

유럽계 금융자본의 전공 분야는 이른바 Fixed Income, 즉 '채권과 대출'이다. 지난 20년간 월가 투자은행업계에서 혹독한 대가를 치르고 전통적 은행업무로 회귀한 유럽계 금융자본에게 중국은 유일하게 기댈 언덕이다. 방대한 규모를 자랑하는 유럽계 금융자본은 오랫동안 중국 부동산 금융의 전주(錢主) 노릇을 해 왔다. 홍콩 금융시장을 주름잡는 것은 영국, 독일, 프랑스, 스위스 등 유럽계 자본으로 이들은 중국 부동산 시장이 제공하는 기회를 활용하며 성장해 왔다.

미국 정부 입장에서 미국계 금융회사도 아니고 미국 시장도 아닌 곳에서 이들에게 규제를 강제할 수는 없다. 유럽 은행이 중국계 기업에 금융을 제공하는 데 대해 세컨더리 보이콧 같은 완력을 쓸 수도 있지만 중국 국민들이 오매불망하는 아파트 소유를 위해 담보대출을 제공하는 것까지 미국 정부가 막을 수는 없는 노릇이다. 그러나 FED는 금리를 올릴 수는 있다.

중국 정부는 부동산 시장 과열을 막기 위해 도입했던 부동산 기업들에 대한 세 개의 레드라인 정책(순자산, 순부채, 현금유동성에 대한 비율 규제 도입)을 폐기하였다. 2022년 11월에는 개혁개방 이후 최초로 4대 국영은행이 부동산 기업에 대한 대출을 시작했으며 2023년 1월에는 아파트 수요자에 대한 담보대출 금리를 6%에서 3%로 내렸다. 중국 정부는 부동산 시장 부활에 사활을 걸고 있고 유럽계 금융자본은 그 응원군 역할을 하여야 한다.

그러나 FED는 2023년말까지 금리를 5.25%까지 올릴 것이라고 한다. 위험 '0'의 FED 금리가 5.25%라면 위험천만한 중국 부동산 대출은 얼마의 이자율을 받아야 할까? 유럽 금융자본은 중국 부동산 시장으로 가는 게 나은가, 아니면 미국 채권시장으로 오는 게 나은가 FED는 묻고 있다. 중국 정부는 대규모 유럽 응원군을 기대하기 어렵게 되었다. 이제 남은 것은 중국 국내 금융. 그 중 지방은행들은 이미 지리멸렬했으니 오직 4대 국영은행의 실탄에 의존하는 수밖에 없다. 인민은행이 화폐를 찍어낸다는 얘기다.

FED의 고금리는 유로도 약화시킬 것이다. 1990년대까지 세계 외환보유고의 70%를 넘나들던 달러화 비중은 오늘날 60% 미만으로 하락했다. 공산권 국가들의 글로벌라이제이션 참여 이후 세계 각국의 외환보유고 규모 확대로 달러에 대한 절대 수요량은 크게 증가하였지만 2000년 발족한 유로화가 제2의 기축통화 역할을 하고 있는 것은 엄연한 현실이다. 유로화는 세계 외환보유고의 25%를 차지하며 달러 수요를 잠식하였다.

이제 우크라이나 전쟁 이후 반미 전선에 합류한 중국과 러시아가 달러에 대한 수요를 줄여 나간다면 어떤 일이 벌어질 것인가? 중국의 외환보유고는 3조 달러, 러시아는 8,000억 달러에 이른다. 중국은 1조3천억달러에 이르던 미국 국채 보유고를 우크라이나 전쟁 이후 1조달러 미만으로 이미 줄였다. 미국 국채 시장의 큰 손들이 빠져나간다면 어떻게 될 것인가? 미국은 여기에 대비하여야 한다.

FED의 고금리에 정부 부채비율이 높은 EU 국가들은 신음한다. 재정이 튼튼한 독일, 네덜란드 등 북부지역 국가(이른바 frugal north, 인색한 북부국가들이라 불린다)들은 상관없지만 GDP대비 정부부채비율이 120%를 상회하는 스페인, 이탈리아, 포르투갈 등 남부지역 국가들과 경제발전을 위해 자본 부족에 허덕이는 동유럽 국가들은 FED의 고금리에 비명을 지른다.

유로화가 와해되는 일은 없겠지만 남부 유럽과 동유럽 국가들은 유로존 운영에 더 완화된 재정운용원칙의 적용을 원하고 이는 북부 유럽 국가들과 마찰을 일으켜 유로화의 신뢰를 떨어트릴 것이다. 이는 자연히 달러화에 대한 수요 증가로 이어진다. 미국 국채시장은 중국과 러시아를 잃는 대신 전세계에서 새로운 손님을 맞게 된다.

(3) 저관세

이제 고유가와 고금리로 세계 경제가 신음하고 인플레가 문제니 관세는 내려야 한다. 트럼프가 도입한 최고 25%의 대 중국 고율관세는 이미 실효성을 잃었다. 2020~2022년 코로나 국면에서 오히려 중국의 대미 수출은 더 늘어났고 미국의 무역적자는 증가하였다. 관세 인상으로 인한 수입가격 상승은 미국 소비자들에게 전가된다. 미국 정부는 인플레이션 감축법(IRA)을 통과시켰고 정부조달법 개정을 추진하는 등 중국 기업의 미국 시장 참여를 제한하는 미시정책적 조정을 거친 후 결국 적절한 시점을 택해 관세를 내릴 것이다.

이로써 트럼프 연간의 **'저유가, 저금리, 고관세'** 정책은 바이든 시대에 이르러 정확히 정반대의 **'고유가, 고금리, 저관세'** 정책으로 치환되고 있다. '80년대 냉전기에 저유가가 소련을 괴롭혔듯 신(新) 냉전기에 누구의 정책이 더 위력을 발휘할지는 앞으로의 역사가 증명할 것이다.

4. 안도하는 한국 경제

고유가와 고금리는 한국 경제에도 큰 부담을 준다. 특히 고유가는 원자재 수입국인 한국의 무역수지를 악화시키고 외환수급에 어려움을 준다. 그러나 1998년 IMF 관리체제와 2008년 서브프라임 위기 때와 달리 우리나라는 과거 10여년간 축적된 무역흑자로 약 8,000억불(외환보유고 약 4,000억불, 민간부문의 해외자산 약 4,000억불)의 외화자산을 보유하여 안정적인 경상수지 흑자국으로 변모하였다. 해외로부터 이자·배당 수익에 의존하는 일본과 유사한 모형이다.

고금리는 가계·기업에게 부담을 주지만 GDP 대비 정부 부채비율이 50% 수준인 정부부문은 여유가 있는 편이다. 한국은 유럽과 달리 정부 재정이 아직 건실하고 기업활동이 여전히 역동적이며 고용상황은 나쁘지 않다. 세 경제주체인 가계·기업·정부가 제 역할을 다 하는 상황에서 고금리의 타격을 입은 부동산 시장만 안정화시킨다면 현 경제 위기도 극복 가능하다. 부동산시장은 금융시장과 밀접하게 연계되어 있기에 부동산 시장의 혼란은 금융시장의 혼란으로 이어지고 이는 가계·기업의 경제활동에 부정적 영향을 미친다. 정부가 적극적으로 부동산 시장의 구조조정에 개입해야 하는 이유이다.

한국 경제에 가장 큰 부담은 사실 미·중 무역전쟁이다. 미국이 중국으로부터 디커플링 하려 한다면 미국과 중국에 양다리를 걸치고 있는 한국 경제의 미래는 혼란스러울 것이다. 만일 미국이 중국과의 무역을 금지하는 방향으로 간다면 중국에 존재하는 수많은 한국계 기업들은 엄청난 손실 위기에 처한다. 그러나 미국은 '고유가·고금리'로 중국 거시경제에 부담을 가중시키되 중국과의 자유무역 기조는 이어나갈 것으로 보인다. 그것이 바로 '저관세' 정책의 의미다.

미국이 중국과의 무역거래를 이어 나간다면 한-중 교역이 지속되어도 당분간 큰 문제가 없다는 뜻이다. 궁극적으로 미국은 중국과의 교역을 줄여나가겠지만 미국은 중국으로부터 중·저부가가치 제품의 수입을 계속할 것이다. 이는 한-중 무역구조에도 큰 변화가 없을 것을 의미한다. 물론 우리도 장기적으로 중국에 대한 무역의존도를 줄여나가야 하는 것은 불문가지다.

그렇다면 이러한 추세는 언제까지 지속될까? 고금리는 누구보다도 중앙정부에 큰 부담을 준다. 미국의 GDP 대비 정부부채비율은 공식적으로 120%이지만 혹자는 170%에 이를 것이라고 한다. 미국 정부의 GDP 내 비중이 37% 수준이니 부채비율이 120~170%에 국채 이자율 5.25%가 지속된다면 국가 예산의 17~24%를 이자로만 지급해야 한다는 것을 뜻한다(120%/0.37×5.25%≒17%, 170%/0.37×5.25%≒24%). 그것도 미국 국민들에게서 세금을 거둬서 세계 각국의 중앙은행에 지급해야 하는 돈이다. 고금리는 미국 정부에게도 고통스럽다.

따라서 미국 정부는 하시라도 금리를 낮추고 싶어한다. 저금리 시대는 언제 다시 돌아올까? 그것은 유가와 물가상승률, 고용지표와 임금상승률 등 다양한 경제변수들의 압력을 받는 것으로 치장되어 있지만 궁극적으로 현재 진행형인 세계 패권경쟁의 향배에 영향을 받을 것이다.

참고 문헌

『석유의 종말은 없다』 로버트 맥널리 저, 페이지 2 북스. 석유의 가격·소득 탄력성 부분을 참고하였다.

3.
흔들리는 은행, 다가오는 바젤IV

흔들리는 은행, 다가오는 바젤 IV [1)]

이혁준

1. 바젤 I : BIS자본비율의 탄생과 위력

　은행업은 국가의 핵심 공공재적 성격을 지닌 산업으로서 정부로부터 엄격한 감독과 보호를 받는다. 은행이 무너진다는 것은 국가의 경제시스템 붕괴를 의미한다. 따라서 은행이 위기에 직면하면 정부는 가용 가능한 모든 자원을 총동원하여 지원한다. 이와 같은 점이 고려되어 각 나라마다 주요 은행은 대개 정부신용등급(Sovereign Rating)과 유사한 높은 수준의 신용등급을 부여받는다.

　그렇다면 은행은 나라가 멸망하기 전까지는 부도가 나지 않는 불사(不死)의 존재인가? 그렇지 않다. 세계 금융역사를 살펴보면 은행이 실질적 디폴트(Default)에 도달한 사례는 많다. 한국 역시 예외가 아니다.

　은행이 무너지면 그 여파는 해당 국가에만 국한되지 않는다. 촘촘히

---

1) 이 글은 2023년 3월 27일 게재된 글이다.

연계된 국가 간 지급결제망에 타격을 주는 것은 물론 다른 나라 은행에게도 부실을 전이시킬 수 있다. 이러한 이유로 은행, 특히 대형 은행의 부도를 사전적으로 막는 것은 한 국가 차원의 일이 아니라 국제적 공조가 필요한 사안이다.

금융업계에는 국제 금융안정을 추구하고 각국 중앙은행과 다른 기관 사이의 협력을 증진시키기 위한 국제결제은행(BIS ; Bank for International Settlement)이란 기관이 있다. BIS는 제1차 세계대전 이후 바이마르 공화국의 배상문제를 처리하기 위해 1930년 벨기에, 프랑스, 바이마르 공화국, 이탈리아, 영국, 일본 6개국 중앙은행이 중립국인 스위스 바젤에 설립한 국제기구가 모태이다.

1974년 6월 독일 헤르슈타트 은행(Herstatt Bankhaus)의 파산으로 인해 국가 간 지급결제망에서 큰 혼란이 발생했다. 그러자 BIS는 동년 12월 바젤은행감독위원회(BCBS ; Basel Committee on Banking Supervision)를 산하 위원회로 설립하였다. 은행의 파산 사태를 사전에 방지하기 위한 체계적 대응방안이 필요하다는 문제의식에 기반한 조치였다.

바젤은행감독위원회는 1988년 글로벌 차원의 첫 은행 자기자본 규제제도인 '바젤 협약'을 발표하였다. 동 협약은 이후 이를 보다 정교화하여 2004년 바젤 II, 2010년 바젤 III가 발표되는 과정에서 '바젤 I'으로 불리게 된다.

바젤 I의 핵심은 BIS자본비율이다. BIS는 은행의 건전성을 판단하기 위해 자기자본을 위험가중자산으로 나눈 자본비율 산출방식을 만들었고, 8%를 권고수치로 제시했다. 은행 자산에 대해서는 다음과 같은 신용리스크 가중치를 부여하였다. 현금과 국채는 0%, AAA 신용등급을 받은 MBS(Mortgage Backed Securities) 등의 증권은 20%, 주택담보대출과 지방채 등의 증권은 50%, 회사채 등은 100%이다. 자기자본은 보통주자본과 이익잉여금은 기본자본(Tier 1), 우선주와 후순위채는 보완자본(Tier 2)으로 구분하여 계급(Hierarchy)을 나누었다. 그 결과 신용리스크 가중치가 낮은 안전자산에 더 많이 투자할수록, 기본자본이 더 많을수록 BIS자본비율이 높게 산출되고 안정적으로 유지될 수 있게 되었다.

BIS자본비율은 1997년 한국에 외환위기가 발생하자 금융업계 종사자가 아닌 일반 국민들에게도 익숙한 단어가 되었다. BIS의 권고수치인 8%를 기준으로 은행의 퇴출 여부가 결정되었기 때문이다. 8% 이상을 지켜낸 은행은 독자생존했지만, 8%에 미달하는 은행은 예금보험공사로부터 공적자금을 투입받아 타 은행에 흡수합병되거나 해외 금융그룹 또는 펀드에 매각되었다. 공적자금이 투입된 은행에서는 구조조정 과정에서 대규모 실업자가 쏟아져 나왔다. 국민들의 눈에 비친 BIS자본비율과 8%라는 매직넘버는 은행의 살생부(殺生簿) 그 자체였다.

2. 바젤 II : 적격 외부신용평가기관(ECAI)과 내부등급법

바젤 I은 글로벌 차원의 첫 은행 자기자본 규제제도라는 점에서 큰 의미가 있지만 아시아 외환위기를 막지는 못하였다. BIS자본비율의 궁극적 목표는 은행의 퇴출 여부를 판단하는 기준을 제시하는 것이 아니라 금융위기를 사전적으로 막는 것이다. 이러한 측면에서 명백한 한계를 드러낸 바젤 I은 보완이 필요했다.

바젤은행감독위원회는 2004년 바젤 I보다 리스크관리 시스템을 더욱 정교화시킨 바젤 II를 발표하였다. 바젤 I은 차주의 신용도를 고려하지 않고 신용자산에 대해 일률적으로 100%의 위험가중치를 적용하는 문제점이 있었다. 이를 개선하여 바젤 II는 차주의 신용등급에 따라 위험가중치를 다르게 적용하는 방식으로 설계되었다. 그리고 바젤 II는 신용리스크에만 초점이 맞추어졌던 바젤 I에 시장 및 운영 리스크 개념을 더하였다. 여기에 금융당국의 점검과 시장규율 강화를 추가하였다.

바젤 II의 핵심은 은행과 시장과 금융당국이 협업하여 리스크관리 시스템을 더욱 강화시키는 것이다. 은행은 표준방법(Standardized Approach)과 내부등급법(Internal Ratings Based Approach) 중 하나를 선택하여 BIS자본비율을 산출할 수 있다. 표준방법은 외부신용평가등급을 이용하여 규제자본을 산출하는 것으로 바젤 I의 체계를 크게 변화시키지 않으면서 리스크 민감도를 개선하였다. 내부등급법은 은행 자체의 내부등급을 이용하여 부도율, 부도 시 손실률, 익스포져, 만기 등을 추정하고 이를 주어진 위험가중치 함수식에 대입하여 규제자본비율을 산출한다.

표준방법과 내부등급법의 가장 큰 차이점은 리스크 요소의 내부 측정 여부이다. 표준방법의 경우 외부신용평가등급을 사용하므로 은행 내부의 리스크 요소 측정 요건이 까다롭지 않다. 반면, 내부등급법의 경우 리스크 요소의 내부 추정치를 이용하므로 이를 위한 과거 데이터 요건, 신용평가 시스템 요건 등을 충족할 것을 금융당국으로부터 엄격하게 요구받는다.

표준방법에서 이용하는 외부신용평가등급은 적격 외부신용평가기관(ECAI ; External Credit Assessment Institution)이 평가한 신용등급을 의미한다. 금융당국은 바젤 II 기준에 따라 신뢰성이 있다고 인정되는 기관을 ECAI로 지정해야 한다. 이에 따라 이미 라이센스를 받아 기존 신용평가 업무를 수행해오던 국내 3개 신용평가사(NICE신용평가, 한국신용평가, 한국기업평가)도 엄격한 검증을 거쳐 다시 ECAI 지정이라는 새로운 라이센스를 받아야만 했다.

은행 입장에서는 표준방법보다 내부등급법을 더 선호한다. 내부등급법을 적용할 때 BIS자본비율이 더 높게 산출되기 때문이다. 그러나 내부등급법은 높은 수준의 리스크관리 시스템을 보유하고 있다는 것을 금융당국으로부터 공식적으로 인정받아야 한다. 이를 입증하기 위해서는 다년간 현장에서 검증된 실적자료가 필요했다. 내부등급법 사용을 승인받기 위해 노력하는 과정에서 은행의 내부 리스크관리 시스템은 과거보다 훨씬 개선되었다.

바젤 II 시행을 통해 은행의 리스크관리 시스템은 바젤 I 시절보다 한층 진일보하고 정교해졌다. 그러나 바젤 II 역시 오래 가지는 못했다.

서브프라임 모기지 사태(Sub-prime Mortgage Crisis)발 글로벌 금융위기가 터졌기 때문이다. 바젤 II는 글로벌 금융위기를 막지 못했다.

3. 바젤 III : CoCo본드와 Bail-in의 도입

2008년 글로벌 금융위기는 1997년 아시아 외환위기보다 훨씬 거대하고 파장이 컸던 크레딧 이벤트였다. 바젤 II는 명백히 한계점을 노출했다. 이를 추가 보완한 바젤 III의 등장은 선택이 아니라 필연이었다.

바젤은행감독위원회는 2010년 바젤 II보다 손실흡수능력을 강화시킨 바젤 III를 발표하였다. 위험자산기준을 변경하여 위험자산비중을 축소하게 하며, 서브프라임 모기지 사태의 원인이 된 과도한 가계대출을 줄이고 기업대출을 증가시키는 것이 주된 내용이었다. 여기에 자본의 질을 더 강화시켰다. 바젤 II에서는 BIS자본비율 8% 외에도 기본자본비율(Tier 1) 4%, 보통주자본비율 2% 이상을 권고수치로 제시했다. 바젤 III에서는 이를 좀더 강화해 BIS자본비율은 8%를 그대로 두되 기본자본비율은 6%, 보통주자본비율은 4.5% 이상을 요구하였다.

추가적으로 주목해야 할 것은 조건부자본증권(CoCo본드 ; Contingent Convertible Bond)과 채권자손실분담(Bail-in) 규제 도입이다. 글로벌 금융위기 당시 거대 금융회사를 구하기 위해 천문학적 규모의 공적자금이 투입되었는데 이 부담은 결국 납세자인 국민들의 몫이었다. 위기를 초래한 금융회사 임직원들은 이미 평생 쓰고도 남을 거액의 보수를 챙긴 반면 그들보다 훨씬 가난한 국민들이 주머니를 털어 사태를 수습하는 아이러니한 상황이 벌어진 것이다. 이에 분노한 국민들이 들고 일어나 글로벌 대형 금융회사가 밀집한 미국 뉴욕의 월 스트리트에서 '월가를 점령하라(Occupy Wall Street)'는 시위를 벌이기도 하였다. CoCo본드와 Bail-in은 이러한 불합리성을 개선하고 대마불사(大馬不死 ; Too-Big-To-Fail) 인식에 따른 대형 은행과 자본시장의 도덕적 해이(Moral Hazard)를 근절하려는 철학을 담고 있다.

CoCo본드는 미리 명시해둔 특정한 사건이 발생할 경우 완전히 상각되거나 자본으로 전환된다는 조건 하에 발행되는 후순위성 채권이다. 이는 은행이 부실화될 경우 구제금융(Bail-out)에 나서는 정부뿐 아니라 CoCo본드 보유자도 손실을 분담(Bail-in)해야 함을 뜻한다. 동시에 후순위성 채권 투자자에 대한 정부의 지원가능성이 사실상 사라졌음을 의미한다.

Bail-in은 CoCo본드보다 더 강력한 손실흡수장치이다. Bail-in은 정부의 지원, 즉 Bail-out이 시행되기 전에 해당 금융회사의 채권을 상각 또는 자본전환 할 것을 강제한다. Bail-in 제도가 시행된 국가에서는 시스템적으로 중요한 금융회사(SIFI ; Systemically Important Financial Institution)가 총손실흡수능력(TLAC ; Total Loss Absorbing Capacity)을 위기 발생 이전에 미리 보유해야 한다. 이는 CoCo본드보다 훨씬 넓은 개념으로 금융회사와 투자자에게는 상당히 부담스러운 요구사항이다.

미국과 유럽에서는 CoCo본드와 Bail-in 규제가 이미 도입되어 시행 중이다. 반면 한국은 CoCo본드만 도입되었고 Bail-in은 아직 금융당국의 검토 아래 있다.

4. 바젤 IV : 무너진 신뢰, 그리고 재건의 필요성

바젤 III는 앞서 역사 속으로 사라진 바젤 I 및 바젤 II가 그랬던 것처럼 새로운 도전을 받고 있다. 팬데믹(Pandemic ; 전염병 세계적 대유행)과 러시아-우크라이나 전쟁을 거치면서 역대급 인플레이션이 발생했고 이를 해결하기 위해 각국 중앙은행이 기준금리를 급격하게 인상하는 과정에서 쓰러지는 은행들이 나타나고 있기 때문이다.

2023년 3월 발생한 미국 Silicon Valley Bank(이하 'SVB')의 뱅크런(Bank Run) 사태는 팬데믹 이후 급격한 예수금 증가와 높은 거액예금 비중, 그리고 금리 상승기 잘못된 채권 Duration 전략이 결합되면서 발생한 사례이다. 미국 예금보험공사(FDIC ; Federal Deposit Insurance Corporation)가 예금보장한도 25만 달러에 상관없이 예금 전액지급을 보장하면서 사태가 일단락되었지만 유사한 뱅크런 사태가 추가적으로 발생할 우려는 여전히 남아 있다.

이후 발생한 스위스 Credit Suisse 사태는 더 심각하다. Credit Suisse는 스위스 2위 규모 은행으로 SVB와는 비교가 되지 않을 규모와 지명도를 확보하고 있었다. 누적된 투자손실로 신뢰도가 이미 많이 저하된 가운데, 연례보고서에서 회계적 문제가 있다는 사실이 발표되었고, 1대주주인 사우디국립은행(SNB ; Saudi National Bank)이 추가로 자금지원도 할 수 없다는 입장을 표명하자 고객의 불안감이 확산되며 뱅크런이 발생했다. 스위스 금융당국은 Credit Suisse를 스위스 1위 규모 은행인 UBS에 피인수시키면서 사태를 수습하였다. 그런데 이 과정에서 Credit Suisse의 CoCo본드는 전액 상각이 이루어진 반면 주식은 소각되지 않고 정해진 비율에 따라 UBS 주식으로 교환되었다. 이는 위기 발생 시 '주주 → CoCo본드 투자자 → 선순위채 투자자' 순으로 손실을 부담하는 자본시장의 상식이 깨진 것이어서 논란이 되고 있다.

SVB와 Credit Suisse의 뱅크런 사태는 원인은 다르지만 공통점이 있다. 은행에 대한 신뢰가 무너지고 있다는 점이다. 그리고 사태를 수습하는 과정에서 오랫동안 믿고 지켜온 자본시장의 약속이 깨지고 있다. 이러한 임기응변식 대응은 그 시점에서는 효과적일지 모르겠으나 중장기적으로는 자본시장을 더 혼란스럽게 만들 것이다.

은행은 금융업종 중 가장 안전성과 신뢰도가 높은 업종이다. 그런 은행에서 파열음이 연이어 발생하고 있다는 것은 어떤 의미에서 새로운 금융위기가 시작되었음을 의미한다. 원인분석과 재발방지를 위한 노력이 필요하다. 급격히 하락하고 있는 은행의 신뢰를 회복하고, 무너진 자본시장의 상식을 재정립해야 한다.

미국과 유럽의 은행에서 발생하고 있는 일련의 뱅크런 사태는 바젤

III의 실효성에 대한 의문으로 이어진다. 바젤은행감독위원회는 이를 보완하기 위해 서서히 바젤 IV를 준비해야 할 것이다.

금융규제의 역사는 항상 '소 잃고 외양간 고치기'의 반복이었다. 그러나 그 과정을 통해 외양간은 점점 튼튼하고 안정적인 모습으로 변해왔다. 각국 금융당국과 은행권이 모두 지혜를 모아 이 금융위기를 극복하고 더 발전된 자본시장의 규율을 만들어낼 수 있기를 기대한다.

II
국제경기변동

1.
스태그플레이션의 지역화

스태그플레이션의 지역화 [1]

김명수

1. 스태그플레이션과 한국 경제

(1) 축복이 된 '70년대 스태그플레이션

인플레이션(Inflation)과 경기정체(Stagnation)의 합성어인 스태그플레이션은 명목물가의 인상으로 실질소득이 감소하고 불황으로 실업이 양산되어 국민들에게 큰 고통을 안긴다. 1970년대 두 번의 오일쇼크로 원자재가격이 크게 인상되고 석유에 의존하던 선진국들에 불황이 덮치자, 케인즈주의자들이 장악한 당시 선진국 정부들은 세금을 올리고 국채를 발행하여 대규모 재정정책을 펼쳤다. 대공황 때 재정정책이 빈민구제와 SOC 위주였다면 70~80년대의 그것은 사회공학적 프로그램들이었다는 것이 차이였다. 재정정책의 결과는 참담하게도 두 자리 수 대의 인플레이션과 높은 실업률, 즉 스태그플레이션이었다.

오일쇼크와 잘못된 재정정책이 미국과 유럽에 스태그플레이션이란

---

1) 이 글은 2022년 6월 10일 게재된 글이다.

재앙을 안겼다면 산유국들은 건국 이후 초유의 대호황을 맞았다. 허약한 중동국가들의 친목단체에 불과하던 OPEC이 국제무대의 주역으로 떠올랐고 사우디아라비아와 이란은 일약 런던 금융시장의 큰 손이 되었다.

생산성 저하로 전전긍긍하던 소련도 유가 인상이란 횡재를 맞았다. 공산체제의 후유증으로 경공업이 몰락했지만 석유를 매개로 구상무역이 활발해졌다. 구상무역의 상대국은 당대의 공업국 이탈리아와 독일(당시 서독)이었다. 이탈리아의 석유국영기업 ENI는 엔리코 마테이의 활약으로 1959년부터 우랄산 석유를 들여오고 있었고, 서독은 빌리 브란트의 동방정책으로 1973년 소련과 가스 파이프라인으로 연결되었기 때문이다. 소련은 석유와 가스를 제공한 대가로 이들 국가에서 인민들에게 제공할 소비재를 마음껏 들여왔다.

한국 경제는 1970년대 내내 위기를 맞았다. 우리는 수출을 통해 외화를 벌어들여야 원자재와 식량, 그리고 공장설비를 사올 수 있다. 석유 가격은 12배로 올랐고, 불황이 오면 무역에 관대하던 선진국들도 자국 경제를 위해 보호무역화 한다. 미국과 유럽의 사업자들은 조합을 만들고 정부에게 보호무역적 조치를 노골적으로 요구한다. 관세가 오르고 수입쿼터가 생긴다. 선진국 정부는 평시에 낮은 관세와 자유무역을 강조하다가도 불황이 오면 미국의 슈퍼301조 같이 초법적 보호무역조치를 꺼내 들고 무역상대국의 굴복을 강요한다. 아름다운 자유무역의 이념보다 언제나 자신의 생존이 먼저인 것이다.

'70년대 풍전등화의 한국 경제에 탈출구가 있었으니 그것이 바로 횡재를 맞은 중동이었다. 가난했던 중동 국가들은 건국 이래 처음 맞는 대호황에 도로와 교량, 공항과 항구 건설에 나섰다. 우리 건설업체들은 중동에서 벌어들인 돈으로 자동차, 전자, 조선, 석유화학, 반도체 등 미래가 불확실한 사업들에 종자돈을 댔다. 이들 기업이 만성적자로 자금난에 처하자 건설업체가 추가 증자를 해 주거나 채무보증을 서서 위기를 넘겼다.

스태그플레이션은 또 한가지 혜택을 안겨주었다. '70~'80년대 스태그플레이션기에 투자에 나선 한국기업들은 사업 부진에 허덕이던 선진국 기업들의 궁박한 상황을 십분 활용할 수 있었다. 불황에 시달리고 매출이 절실한 외국 기업들에게 한국의 투자는 가뭄 속 단비와 같았다. 석유화학, 반도체, 자동차, 원전 등 우리 수준에서 꿈도 못 꾸던 분야에서 미국·일본 기업의 기술이전을 받을 수 있었다. 예를 들어 반도체 분야에서 마이크론, 텍사스인스트루먼트 등 D램 선두기업들의 기술을 도입하였고, 원전에선 GE, 웨스팅하우스, 컴버스천엔지니어링 등에게 경쟁입찰로 애를 태웠다. 21세기 한국 경제를 이끌고 있는 기간산업은 중동에서 벌어들인 외화와 세계 스태그플레이션기에 용감하게 투자한 기업가정신의 합작품이라 해도 과언이 아니다.

요컨대 '70년대 선진국을 급습한 스태그플레이션은 거꾸로 중동과 소련 등 석유국가들에게는 대호황을 의미했다. 對 선진국 수출이 절실한 한국 경제도 위기에 빠졌지만 중동의 국가 인프라 건설 붐에 투신해 벌어들인 외화로 중화학공업에 투자하였고 그 과정에서 선진국 기술을 좋은 조건으로 도입할 수 있었다. '70년대 스태그플레이션은 극동의 가난한 농업국이 세계 주요 공업국으로 도약하는 기회를 주었다.

(2) 지금의 스태그플레이션이 위험한 이유

일반적으로 GDP는 국내 경기 지표로 많이 사용한다. 세계 10위권의 한국 GDP는 2020년 기준 1조 6,305억달러이고, 수출입 의존도(GDP대비 수출·입 비중)는 70%에 이른다. 수출의 85%를 제조업이 담당하고 그 중 90%를 자동차, 전자, 반도체, 석유화학, 조선업이 차지한다. 전부 대기업들의 수출품이다. 구체적으로 삼성전자, 현대차, LG 등 주요 대기업 단위로 내려가면 매출에서 수출비중이 70~90%를 차지한다. 한국경제의 엔진은 이들 대기업의 수출이다.

미국은 무역비중이 25%인 내수중심의 국가이고, 우리와 유사할 것이라고 착각하는 일본도 35%에 불과하다. 일본경제를 내수중심이라 할 수는 없지만 이미 부유해진 지 오래고 수 십 년간 축적된 금융자산의 힘으로 해외시장의 변동에 크게 영향 받지 않는다. 독일과 프랑스가 88%, 65%로 높지만 양국의 수출입은 주로 EU 역내에서 이루어진다. EU 전체의 역외 수출입은 한국의 무역 규모에도 못 미친다. 게다가 양국은 EU 시장의 무역규칙을 정하는 국가(rule-setter)들로서 우리와는 차원이 다르다.

[표] 주요 공업국 GDP 구성　　　　　　　　　　　　　　단위: 억불, %

국가명	연도	GDP	정부지출	민간소비	재고조정	고정자본형성	수출입	수출	수입
한국	2020	16,305	2,963	7,575	94	5,065	606	6,016	5,410
	(비중)		18.2	46.5		31.1		36.9	33.2
일본	2019	50,649	10,154	27,980		12,308	-413	8,389	8,802
	(비중)		20.0	55.2		24.3		16.6	17.4
미국	2019	214,332	29,950	145,446	491	44,149	-6,105	25,147	31,252
	(비중)		14.0	67.9		20.6		11.7	14.6
독일	2019	38,611	7,887	20,227	-115	8,374	2,239	18,106	15,867
	(비중)		20.4	52.4		21.7		46.9	41.1
프랑스	2019	27,155	6,272	14,590	144	6,416	-266	8,628	8,894
	(비중)		23.1	53.7		23.6		31.8	32.8

한국은 세계시장의 규칙에 순응해야 하는 국가(rule-taker)이다. 세계경제에 스태그플레이션이 온다면, 즉 인플레이션으로 원자재 수입물가가 오르고 세계시장 불황으로 보호무역이 강화되어 수출이 어려워지면 한국 경제는 겉잡을 수 없는 혼란으로 빠져든다. 원자재 가격은 오르지만 국제시장에서 가격경쟁에 시달리는 기업들의 채산성은 급락하고, 불투명한 수출 전망에 공장 가동은 멈추고 기업들이 도산한다. 성실한 근로자들은 영문도 모른 채 해고되고, 새로운 투자가 없으니 대학 졸업생들의 취업이 어려워진다. 풍요에 젖었던 사람들은 무리를 이뤄 온갖 권리주장에 목청을 높인다. 사회는 불안해진다.

1970년대 스태그플레이션 때 새로 설비를 차린 한국의 중화학공업이 도매금으로 위기에 빠졌었고, 1998년 IMF 외환위기 때 30대 재벌 중 절반이 도산하였다. 2008년 Sub-prime 위기 때 한국의 조선·해운·건설사들이 어려움에 처한 이유도 동일하다.

한국경제는 이들 위기에서 1980년대 중반 미국의 일본 때리기와 저유가 호황, 2001년 중국의 WTO가입과 미·중 밀월관계로 인한 호황, 2010년대 중반 미국 셰일혁명으로 인한 호황에 힘입어 빠져 나왔다. 한국 경제는 세계가 불황일 때 가장 먼저 타격을 받고, 호황일 때 그 수혜를 가장 크게 받는다. 우리가 최근 논의되는 스태그플레이션 가능성을 심각하게 바라봐야 하는 이유다.

2. 2022년, 스태그플레이션인가?

　최근의 상황과 1970년대의 스태그플레이션 사이에는 유사성이 있다는 점이 자주 지적된다. 1973년의 욤-키푸르전쟁, 1979년 이란혁명과 1980년의 이란-이라크 전쟁이 있었고 그 전쟁들은 석유가격을 10배 이상 밀어 올렸다. 미국과 선진국들은 거의 10년간 높은 인플레이션과 불안정한 성장률, 그리고 증시 약세를 겪었다.

　코로나 팬데믹에 이어 올해 2월 러시아-우크라이나 전쟁이 일어났다. 2022년들어 미국 경제는 마이너스 성장률을 기록하였고 물가는 8% 인상되고 타이트한 노동시장으로 임금도 크게 올랐다. 유럽은 에너지 가격 인상으로 실질 가처분소득이 감소되었고, 중국은 공업지대 락다운으로 5.5% 성장목표가 물 건너갔다. 세계 공급망 교란효과도 곧 나타날 것이다. 30% 이상 앙등한 식량가격으로 저개발국 국민들은 고통 받고 있고, 전쟁으로 파종기를 놓친 우크라이나 흑토지대의 소출 저하는 연말에 이르러 중동과 아프리카에 기아 문제를 일으킬 것이다. 전쟁은 장기화 조짐을 보이고 있고, 원자재발 인플레이션은 임금에 침착(沈着 : embedded)해 들어가고 있으며, 전세계에 걸친 실질 가처분소득 감소로 경기 불황의 징조는 완연하다.

　8%대 물가인상에 놀란 FRB는 금리를 급격히 올리며 내년 말까지 3%대의 금리를 예고하였다. 벤 버냉키 전 FRB의장이 안일한 통화당국의 대응을 비판하며 스태그플레이션을 경고하고 나섰고, 폴 크루그만과 래리 서머스(Larry Summers), 제이슨 퍼만(Jason Furman) 등

당대의 석학들이 논쟁에 뛰어들었다.

폴 크루그만은 인플레이션은 임시적이라는 예전의 낙관주의를 버리고 더 많은 인플레이션이 대기하고 있다고 입장을 바꾸었다. 래리 서머스는 FRB가 표방한 바대로 실업률을 3.5%로 유지하며 인플레이션을 현재 6% 이상에서 2%로 낮출 수 있을 것이라는 낙관론은 '장밋빛 환상 경제학'이라고 비난하였다. 보수파 경제학자들은 이자율을 높인 상태를 유지하지 않으면 인플레이션은 잡히지 않을 것이라고 충고한다.

과연 스태그플레이션은 올 것인가? 원래 거시경제적 논변은 현실을 고도로 추상화시킨 것으로 복잡다단한 경제현실의 많은 부분을 생략할 수밖에 없기에 불완전하다. 이자율이 오르면 실물시장에서 부채의 기회비용이 오르기에 투자가 축소된다. 또 이자율이 오르면 금융시장에서 저축이 증가하고 저축은 투자를 증가시킨다. 또 이자율이 오르면 외환시장에서 외화가 공급되고 원화의 가치를 끌어올려 수입물가를 내린다. 이렇듯 이자율 하나만 가지고도 팔색조의 경제 시나리오를 펼칠 수가 있다. 물가상승률과 실업률, 저축과 투자, 고용과 임금, 이자율과 통화량, 소득과 세율간에는 (+)의 효과와 (-)의 효과가 혼재해 일률적으로 단정하기 어렵다.

1970년대 스태그플레이션의 해법을 둘러싸고 20년간 지속된 케인지언과 통화주의자들의 논쟁은 마치 주류경제학과 마르크스 경제학간의 그것처럼 도저히 화해할 수 없는 것이었다. 앞으로 구름 위 성층권에서 벌어질 2022년의 스태그플레이션 논쟁은 당대의 석학들에게 맡

겨두고 땅 위의 산업현장에 주목함으로써 힌트를 얻을 수 있지 않을까? 이제 유럽과 미국에서 어떤 일이 벌어지고 있는지를 살펴보자.

3. 유럽의 현실

(1) 인플레이션적인 REPowerEU 계획

러시아의 우크라이나 침공 이후 EU 집행위원회는 REPowerEU 계획을 발표하였다. 동 계획은 2027년까지 러시아 에너지에 대한 의존을 없애기 위해 ① 에너지 절약, ② 에너지공급의 다양화, ③ 재생에너지 사업 촉진을 의결하였다. 탄소배출량 절감목표는 2030년까지 1990년의 55% 수준, 2050년까지 '넷제로'로 과거 계획과 동일하다. 즉 EU는 러시아 에너지 탈피와 재생에너지 전환을 동시에 추진하겠다는 야심 찬 계획을 세운 것이다. 그러나 REPowerEU 계획은 그 자체로 인플레이션적이고 EU 국민들의 가처분소득을 감소시킬 것이다. 우선 ① 에너지 절약을 위해 EU 국가들에게 9~13%의 부가세를 신설할 것을 권고한다. 이는 에너지가격을 상승시킨다. 또한 ② 에너지공급의 다양화는 LNG 도입 확대, 수소 등 대체에너지 개발을 의미하나, 현단계에서 보다 현실적인 대안은 LNG이다. 그러나 유럽의 LNG 전환에는 많은 투자가 필요하다.

현재 러시아 가스를 가장 많이 사용하는 지역은 독일을 포함한 중부유럽과 동유럽이다. 유럽 내륙지역으로 가스를 운반하기 위해서는 네덜란드와 벨기에의 로테르담, 제브뤼헤(Zeebrugge), 됭케르크(Dunkirk)의 LNG기지를 통해야 하지만 이들 지역은 이미 풀부킹 상태다.

유럽에서 가장 큰 LNG 용량을 갖추고 있는 곳은 스페인이다. 스페인에는 총 6기의 LNG터미날이 있고 친환경적인 스페인 정부의 화석연료 규제로 가동률은 20%에 불과하다. 충분한 잉여용량으로 중부유럽으로 운송체계만 갖추면 된다. 스페인에서 유럽 내륙지방으로 운송하기 위해서는 피레네산맥을 관통해야 하고 이미 2개가 건설되어 있다. 스페인 수입 LNG의 10%를 처리할 수 있는 용량이다.

스페인 파이프라인 회사인 Enagas는 프랑스로 연결되는 새로운 파이프라인 Midcat 프로젝트를 추진 중이었으나 2019년 중단되었다. 값싼 러시아 가스에 밀려 채산성이 문제가 된 것이다. 파이프라인은 장기 안정적 계약을 필요로 하고 보조금 인센티브가 필요하다. 그 동안 규제당국은 경쟁과 자유시장의 원리를 강조하며 파이프라인 업체의 사업을 사실상 방해해 왔으나 이제 상황이 바뀌고 있다. Enagas는 정부의 신속한 의사결정시 30개월 안에 6억달러의 자금으로 Midcat 라인을 완공시킬 수 있다고 밝히고 있다.

또 하나의 대안은 남부유럽을 통하는 것이다. 아제르바이잔으로부터 더 많은 가스를 가져오고, 터키 LNG터미날로부터 남동유럽으로 가스를 공급할 수 있다. 그리스에 부유식 LNG 터미날을 2023년 개통을 목표로 준비 중이다. 독일이 건설에 들어간 2기의 육상 LNG 시설은 2025년말, 2026년말에 각각 준공될 예정이다.

EU는 2022~2030년까지 추가로 500억입방미터의 LNG시설을 건설해야 한다. LNG 가격은 대략 파이프라인 가스 대비 2배 이상 비싼 것으로 알려져 있다. LNG수출국의 파이프라인, 액화시설, LNG선, 수입국의 재기화시설과 파이프라인 투자에는 많은 비용과 시간이 든다. 이는 가정의 취사 난방은 물론, 전 유럽의 전기료를 올릴 것이다. 또한 정유·석유화학·제약 회사들의 원가를 올려 국제 경쟁력 저하 요인으로 작용할 것이다. 1970년대 유가 인상 이후 유럽과 미국에 일어난 일이다.

③ 재생에너지 전환 가속화는 그 자체로 인플레이션적이다. 국제에너지기구(IEA)는 러시아 사태에 대응하기 위해 탈탄소를 재확인하고, 친환경에너지 이행을 최우선과제로 가속화하기로 했다.

전기차는 내연기관차 대비 한대당 180킬로그램의 알미늄이 더 소비되고 68킬로그램의 구리가 더 소비된다. 리튬 가격은 과거 2년간 10배, 구리는 2배, 니켈은 3배, 알미늄은 2배 올랐다. 1990년대 이후 배터리, 태양열 모듈, 풍력 터빈 가격은 지속적으로 인하되어 왔다. 모두 '중국제조 2025' 시책에 기반한 대규모 물량공세 덕분이다. 이제 이러한 장기적 가격 인하 추세는 끝났다. 배터리 가격의 50%, 태양열모듈 50%, 풍력터빈 20%를 차지하는 금속 원자재 가격이 급등하고 있기 때문이다.

재생에너지 용량의 빠른 성장에도 불구하고 세계는 아직 에너지의 3%만을 풍력과 태양력에서 얻는다. IEA의 계획에 따라 보급되어야 할 수 만 대의 풍력터빈, 수 백만 개의 태양열 모듈에 더 많은 광물이 사용될 것이다. 지구상의 전기차 비중도 아직 1%에 불과하다. 전기자동차 수를 지금의 두 배로 늘리려면 알미늄, 구리, 니켈의 시장가격에 엄청난 가격상승 압박이 생길 것이다.

가격상승은 장기적으로 광산 개발의 증가로 이어지겠지만 역사적 경험에 따르면 광물 공급의 증가에는 10여년이 걸릴 것이다. 게다가 이들 광물은 주로 중국에서 생산된다. 유럽이 러시아 에너지를 탈피하고자 하는 노력은 중국 의존도 상승으로 이어진다. 더구나 미국이 재생에너지로 전환한다는 것은 자국 생산의 석유와 가스에서 탈피하여 중국 광물에 의존하게 된다는 것을 의미한다.

(2) 내수시장을 외면하는 국방현대화 계획

방위산업은 철강 및 비철금속, 석유화학, 기계, 전기전자 및 반도체가 집약된 종합 제조업이다. 민수산업에서 미국 및 동아시아 업체들과 국제경쟁에서 뒤진 유럽에게 방위산업은 제조업의 근간이라 할 수 있다. 독일이 국채를 발행하는 1,000억 유로의 국방현대화 계획을 발표했을 때, 유럽 방산업체는 쾌재를 불렀지만 그 희열은 오래가지 않았다. 독일 정부는 1980년대부터 취역해 온 토네이도를 대체할 전투기로 록히드마틴사의 F-35 도입을 발표하였기 때문이다.

유럽 Future combat Air system(FCAS) 프로젝트는 2017년 독일과 프랑스가 협력을 약속하며 출범하였다. 유럽 전투기의 새 플랫폼이 되어 유로파이터, 독일의 토네이도, 프랑스 라팔, 스웨덴 그리펜 등을 대체할 계획이다. 그러나 FCAS 프로젝트는 독일이 주도하는 에어버스와 프랑스 다쏘가 프로젝트에서 누가 더 중요한 부분을 맡을 것인지를 가지고 다툼이 벌어져 2019년이후 사실상 프로젝트 중단 상태이다. 프랑스 다쏘사의 라팔은 UAE 의 주문을 비롯하여 2036년까지 수주물량이 충분하다. 사실 프랑스는 독일이 필요 없다.

이것 뿐이 아니다. 전차의 경우 독일의 레오파드와 프랑스의 르클레르(Leclerc)를 대체할 유럽의 공동 프로젝트 MGCS(Main Ground Combat System)도 교착상태다. 무인항공기인 Eurodrone 개발 사업도 마찬가지다. 독일은 수송용 헬리콥터도 보잉 장비를 도입할 예정이다. 독일의 재무장은 독일 라인메탈 등 유명한 방산업체에겐 가뭄 끝의 단비 같은 소식이지만 독일이나 EU 경제보다는 미국 방산업을 진작시키는데 한 몫을 할 것으로 보인다. 즉각적인 군사력 보강이 필요한 지금, 성능 개선사업과 연구개발을 병행하기 보다는 미국 방산회사의 완성품을 도입하는 것이 현실적이기 때문이다.

1990년대 초반 냉전이 종식될 때 독일 연방군은 50만 수준이었다. 2011년 징병제가 폐지되었고 병력 수는 이제 18만으로 감소하였다. 항공기, 전차, 야포 등 모든 군사장비가 10분의 1 수준으로 줄었고, 1990~2014년간 국방비 지출은 34% 감소하였다. 국방비 감축액은 이른바 '통일배당금'으로 독일 국민들에게 풍요를 선사하였다.

이러한 상황은 2014년 크림반도 합병 후에 바뀌어 국방비지출이 2014~2020년간 324억유로에서 456억유로로 증가했다. 하지만 냉전기와 비교해 여전히 100억유로 낮은 수준이고 장기적으로 독일의 국방예산은 250억유로 정도가 증액되어야 한다. 게다가 독일의 재무장은 프랑스와 영국의 재무장을 부를 것이다. 유럽 각국은 매년 수백억 유로의 방위비를 추가 지출해야 하고 이는 정부 재정을 제약할 것이다. 국방비 증액은 건강, 교육, 에너지, 환경 투자를 줄이게 된다. EU회원국은 공용화폐인 유로화 체재 하에 경기 부양을 위한 거의 유일한 수단인 재정정책 마저 펼치기 어려운 상황이 될 것이다.

4. 부활하는 미국 제조업
(1) 석유·가스 산업의 활황

러시아 에너지 엠바고는 서구와 중동의 에너지기업들에게는 큰 횡재를 안겼다. 이미 대규모 유전개발이 완료되어 변동비 만으로 유전 가동이 가능한 서구와 중동, 러시아의 석유메이저들은 2021년 하반기부터 고유가로 큰 수익을 거두었다. 사우디 아람코의 2022년 1분기 순이익은 395억달러로 작년 동기대비 82% 상승하였다. BP, Shell, ExxonMobil, Chevron이 2014년래 최고의 실적을 기록한 것은 물론, 러시아 국영기업 로스네프트와 가즈프롬도 2021년 결산 기준 각각 70억불, 196억불의 사상 최고 배당을 신고하였다.

그러나 이것은 단기적 이득에 불과하다. 유럽이 러시아 에너지 의존을 끊기 위해서는 1일 430만배럴 의 석유와 500억입방미터의 가스를 대체해야 한다. 가스가 더 시급한데 이를 위해 LNG를 미국, 카타르 등으로부터 수입해야 한다. LNG를 수입하기 위해서는 수 백억 유로의 인프라 투자와 10~20년의 장기계약을 필요로 한다.

트럼프 연간에 미국은 독일에 러시아 Nord Stream 2 사업을 중단하고 미국 LNG를 수입할 것을 요구하였으나 앙겔라 메르켈 전 총리는 이를 거부하였다. 우크라이나 침공 이후 미 바이든 대통령은 우르술라 폰 데어 라이엔 EU 집행위원회 의장과 2030년까지 미국 화석연료의 장기수요를 보장하는 합의를 발표했다. 장기계약 보장으로 LNG 기반시설 투자의 길이 열렸다.

미국은 LNG 수출을 위한 규제를 모두 걷어내고 있다. 수출허가를 3배 증가시켰으며 바이든 집권 후 연방 소유 부지에서 프래킹을 금지하던 정책을 거두어 들였다. 신생업체 텔루리안(Tellurian)은 걸프만 루이지애나에 120억불을 들여 LNG 플랜트 건설에 들어갔다. 프랑스 전력회사 Engie SA는 미국 텍사스의 Next-Decade Corp.로부터 2026년부터 15년간 LNG를 수입하기로 하였다. 이 딜은 2020년 프랑스가 미국의 LNG 수십억 달러 수입을 추진하다 중단한 것이 재개된 것이다.

백악관의 적극적 후원에도 불구하고 월가는 아직 회의적이다. 2019년 세계 1위를 탈환했던 미국의 석유 생산실적은 팬데믹과 함께 급전직하하였고, 2년간 셰일업체 20개가 파산하였다. 이는 장미빛 전망을 보고 투자에 나섰던 셰일 투자자들에게 큰 상처를 남겼다.

또한 월가 ESG 행동주의 투자자들의 경영권 공격에 대비해 석유 메이저들은 주가 부양에 들어갔다. 9개의 상장된 미국 석유업체는 2022년 1분기에만 94억달러를 배당과 주식재매입에 사용하였다. 셰일가스

업계의 메이저라 할 수 있는 파이오니어, 마라톤오일, 아파치, 데본에너지 등도 3년만의 호실적에 주주환원정책을 강화하고 신규투자에 속도를 내지 않는다.

중동유전은 채굴비용이 저렴하고 석유 메이저들이 보유한 심해지·극한지 유전은 고비용 구조지만 감가상각비 등 매몰비용(sunk cost)이 대부분이다. 이와 달리 셰일 유전은 고비용 구조에 변동비 비중도 높다. 리그, 엔진, 강재, 펌프, 전자장비 등 각종 시설투자는 물론, 장비를 운영할 숙련 노동자, 트럭 운전자, 이들을 위한 주거 및 각종 생활 서비스가 제공되어야 한다. 셰일 유전의 배럴당 생산비는 최근 인플레로 57불 정도로 올랐다. 셰일 유전은 극한지 석유 시추와 달리 산업연관 효과와 고용효과가 크고 지역경제를 활성화시킬 수 있다.

만일 배럴당 100불 가격이 지속된다면 셰일 유전사업은 아무 문제가 없다. 핼리버튼의 프래킹 설비들은 전량 판매되었고, 모든 부품과 장비 가격들이 더 비싸지고 있다. 석유 굴착장치는 연초 대비 20% 증가하였고 퍼미언분지에서는 새 유정 허가가 신기록을 갱신하였다. 미국 내 석유 생산업자들은 이미 15%의 인플레이션을 겪고 있고 내년에는 25~30% 인상될 것으로 예측한다. 미국 내수 경기 활황을 예상하는 근거이다.

(2) 방위산업의 활황

방위산업도 활황이다. 작년 세계 무기 시장 규모는 5,310억달러 수준이고 이 중 50%를 미국이 점하고 있다. 41개의 미국 방산업체 매출은 2,850억불이고, 이 중 1위에서 5위까지 업체가 모두 미국업체로 록히드마틴, 레이시온, 보잉, 노드롭, 제너럴다이내믹스가 차지한다.

유럽에도 방위산업체가 많이 있으나 이들은 1989년 냉전 종식 이후 유럽 각국의 지속적인 방위비 지출 삭감으로 신음해 왔다. 게다가 최근에는 ESG 분류에서 '사회적 책임(Social Responsibility)' 문제를 거론하며 투자에서 배제되어 왔다. 매출부진과 금융기관의 투자 외면으로 연구개발 측면에서 미국 업체에게 현저히 뒤져있다.

아이젠하워 대통령의 고별연설에서 '군산복합체'의 위험에 대해 경고했지만, 방위산업은 사실 미국 제조업의 꽃이다. 방위산업의 특성상 독일, 프랑스 등 유럽의 주요국가들은 장기적으로 독자기술 개발을 선호하겠지만, 러시아의 위협이 가시화된 지금 즉각적인 전력 개선을 위해서는 미국 업체를 이용할 수밖에 없다. 이것은 미국 방위산업의 활황을 낳고 제조업 전반으로 산업연관효과를 발생시킬 것이다.

(3) 몰려드는 외국인 직접투자

유럽은 그 동안 중국에 투자함으로써 성장세를 이어왔다. 그러나 팬데믹 이후 투자의 행선지도 미국으로 바뀌고 있다. 중국은 가혹한 제로-코로나 정책, 테크기업에 대한 규제강화, 부동산기업의 부채문제 등으로 성장성이 의심받고 있고, 무엇보다도 지정학적 위험이 거세지고 있다. 비록 유럽 기업들이 중국 철수를 고려하고 있는 것은 아니지만, 과거와 달리 미국의 투자우선순위는 점점 올라가고 있다.

폭스바겐은 미국 공장 생산규모를 두 배로 늘리려 하고 에어버스도 제2공장을 앨러바마에 설립하여 2025년까지 한 달에 75대의 항공기를 생산할 계획이다. BP는 투자액을 2021년 10억불에서 22년 16억불로 증액하고 퍼미안분지에 셰일 채굴을 늘리고 있다.

유럽업체에 의한 미국 기업 인수는 2019년에 522건 1,674억불에서 2021년에는 616건, 2,037억달러로 증가하였다. 한국, 일본, 대만 기업의 반도체, 전기차, 석유화학 직접투자도 점점 늘어간다. OECD 집계에 의하면 2021년 해외직접투자는 세계경제가 팬데믹으로부터 회복함에 따라 88% 증가하였는데 이 중 미국이 가장 큰 수혜를 얻어 133% 증가한 3,820억달러를 기록하였다. 중국은 32% 증가한 3,340억불에 그쳤다. 그 동안 중국에 집중되어 온 해외 직접투자에 큰 역사적 변곡점이 왔다.

(4) 강해지는 달러, 타이트한 노동시장

1970년대 인플레가 만연하고 1973년 제1차 오일쇼크가 왔을 때 달러는 약세를 보였다. 독일 마르크화 대비 달러가치는 1974~1980년 사이에 40% 폭락했다. 1979년 폴 볼커 FRB 의장은 이자율을 급격히 올리기 시작하며 달러를 지지하였다. 인플레 극복과 달러 지지의 대가는 지독한 불황이었다.

러시아 석유 엠바고를 맞아 유럽은 에너지 가격 앙등과 성장 부진으로 스태그플레이션을 불러들이고 있다. 물가는 크게 오르고 성장은 둔화되고 시민들의 가처분소득은 줄어든다. FRB는 금리를 급격히 올리기 시작했지만 ECB와 일본 중앙은행은 경기 부진으로 금리인상을 하지 못한다. 따라서 달러화를 제외한 모든 통화가 약세를 거듭한다. 유로화는 한때 1유로당 1.3달러를 호가하였으나 이제 유로당 1달러가 무너지는 것도 시간문제다. 엔화도 30% 이상 폭락하였다. 세계 경제 불안을 맞아 달러는 40년래 최고를 기록하고 있고, Dollar Index 는 2002년 이래 최고치이다. 유로, 영국 파운드, 일본 엔화는 폭락 중이다. 달러 독주의 시대가 오고 있다.

미국 노동시장도 타이트하다. 격오지 셰일 유전의 경우 2주 근무 후 2주 휴가를 주는 호조건에도 사람을 구하기 어렵다. 록히드마틴사는 우크라이나에 재블린을 공급하기 위해 비숙련 근로자에게 시간당 임금을 16불에서 20불로 올려도 사람을 구하기 어렵다고 한다.

미국내 물류의 중심인 조지아주에서는 트럭운전수가 8만명 부족하다고 한다. 고용주가 운전수 희망자에게 6개월간 운전 연수 프로그램을 무료로 제공하고 입도선매로 고용한다. 트럭 운전수는 사이닝 보너스, 임금 인상, 다양한 복지와 휴가혜택을 누린다. 트럭 운전수가 좋은 일자리가 되어가고 있다. 이 모든 것이 미국의 실업률을 3.6%로 낮추고 일자리수 1,150만개를 만든다. 40년래 최저 실업률이다. 취업희망자는 1인당 1.9개의 일자리가 널려있다. FRB가 용감히 0.5%씩 금리를 올리고 있는 이유다.

5. 결론 – 유럽을 덮치는 불황의 그림자

 IMF 정의에 따르면 불황(Recession)이란 평균적인 세계 시민이 실질소득의 감소를 겪는 것을 말한다. 이러한 일은 1975, 1982, 1991, 2009, 2020년에 일어났고 이 시기 미국과 유럽은 함께 고통을 받았다. 그러나 이러한 글로벌 경기 동조화는 끝나가고 있다.

 지금 전 세계적인 인플레이션은 전쟁과 유가인상 때문이다. 그러나 유럽과 미국의 사정은 다르다. 유럽은 불황의 원인을 이해한다고 해서 그 대책을 세울 수 있는 것도 아니다. 에너지 독립을 위해 채택한 REPowerEU 정책은 인플레이션적이고 유럽 시민들의 가처분소득을 감소시킬 것이다.

 과거 20년간 석유대금으로 러시아 경제를 살찌웠던 유럽의 돈이 이제 미국과 중동에 뿌려질 것이다. 1970년대 스태그플레이션 때 중동과 소련이 횡재를 맞았다면 앞으로 수십 년간 미국과 중동이 활황을 맞게 된다. 특히 미국은 산업연관효과가 높은 셰일유전 산업의 특성상 기업들의 매출 증가와 근로자들의 임금인상도 동시에 일어난다.

 국가별로 수백억 유로가 증액될 방위비의 일부는 미국 방산업체에게 돌아간다. 방산업은 제조업 부활의 밑거름이 된다. 미·중 패권 전쟁으로 미국과 중국의 경기가 디커플링 되리란 예상이 주류였지만 오히려 미국과 유럽의 디커플링이 먼저 일어나고 있다. 미·중 양국의 제조업은 밸류체인으로 긴밀히 엮여 있어 미·중 두 나라의 경기 동조현상은 당분간 지속된다.

　따라서 2%의 인플레이션으로 돌아가는 것은 기대난이다. 다소 높은 수준에서 새로운 균형을 찾을 것이다. 미국 정부 입장에서 인플레이션이 다소 높더라도 이는 감내할 만하다. 오히려 서브프라임과 팬데믹을 거치며 기하급수적으로 증가한 정부부채의 실질가치를 줄일 수 있다는 측면에서 인플레이션은 환영할 만하다. 늘 그렇듯 정부는 인플레이션을 통해 부채를 줄여왔다.

　스태그플레이션에 취약한 한국 경제는 어떻게 될 것인가? 세계 경제에서 미국은 24%, 중국은 19%, 유럽은 17%를 점유한다. 한국 경제의 생명줄인 수출에서 미국(15%)과 중국(26%)의 비중이 절대적이고 유럽은 10% 정도에 불과하다. 중국의 수출도 최종 목적지가 미국인 곳이 많으니 결국 한국의 수출은 미국 시장과 연동되어 있다 해도 과언이 아니다. 따라서 유럽의 불황은 한국 경제에 타격을 주겠지만 미국과 중국 경기가 버텨준다면 최악의 상황은 아닐 것이다. 또한 중장기적으로 미국은 중국과 디커플링을 추진하고 있다. 미국 정부가 對 중국 무역을 규제한다면 그 수혜는 한국과 일본이 받게 될 것이다.

　톨스토이의 소설 『안나 카레리나』의 첫머리는 이렇게 시작한다. "모든 행복한 가정은 서로 닮았고, 불행한 가정은 제각각 나름으로 불행하다." 행복한 경제는 모두 비슷하지만, 이제 지역별로 갈라지는 스태그플레이션의 징후로 불행한 경제는 제각각의 모습을 보일 것이다.

2. 유럽 산업 공동화의 시작

유럽 산업 공동화의 시작 [1]

김명수

1. 두 개의 사건

(1) 노드스트림 누출 사고

지난 9월 말 독일과 러시아를 잇는 직송 가스관 노드스트림(Nord Stream) Ⅰ·Ⅱ가 불능화되었다는 것은 국제 정치·경제적으로 중요한 의미를 가진다. 그것은 바로 독일이 스스로의 운명을 결정할 능력을 상실했다는 뜻이다.

독일에는 육로(陸路)로 폴란드, 우크라이나를 관통하는 2개의 천연가스 파이프라인이 연결되어 있고, 해로(海路)로 노드스트림이 있다. 러시아를 적국으로 하는 폴란드는 러·우전 개전 초기 일찌감치 파이프라인을 잠갔고, 우크라이나 라인은 아직도 가동 중이다. 해로의 노드스트림이 불능화됨으로써 이제 독일로 가는 가스관은 육로 우크라이나 라인만 남게 되었고 앞으로 독일로의 가스 공급에 대한 결정권은 우크라이나가 쥐게 되었다.

1) 이 글은 2022년 12월 21일 게재된 글이다.

가스는 독일 산업의 젖줄과도 같지만 러시아 경제에 미치는 영향은 미미하다. 가스는 러시아 경제의 8%에 불과하므로 일부 가스관을 잠근다고 해서 러시아 경제가 파괴될 정도는 아니다. 반면 러시아로부터의 저렴한 가스 차단은 유럽 경제, 그 중에서도 제조업 중심의 독일 경제에 치명적인 위협이 되고 있다.

러-우간 적대관계가 계속되는 한 독일의 가스 공급이 전쟁 이전 상황으로 돌아갈 가능성은 없다. 이제 독일은 EU에서 선언한 대로 2027년까지 러시아 가스의존을 영구히 없애야 하는 외길 수순으로 들어갔다. 이것이 가져올 미래는 어떤 모습인가?

(2) 러시아 석유 가격상한제

러시아 경제에서 석유는 GDP의 40%를 차지한다. 유가가 오른 지금 러시아의 판매대금 유입은 오히려 더 커졌고 수입품 결제와 전비 조달에는 아무 문제가 없다. EU가 러시아를 압박하기 위해서는 러시아의 석유 산업에 제동을 걸어야 한다. 석유에 60불의 가격상한(Price Cap)을 도입하려는 이유이다.

미시경제학 교과서에는 과점(Oligopoly)이 쉽게 무너지는 이유가 설명되어 있다. 서너 개 과점사업자들의 공급 카르텔도 와해되기 일쑤인데 30개가 넘는 국가들의 수요 카르텔이 웬 말인가? 세계 석유 공급량의 10%를 담당하는 러시아로부터 매일 매일 석유를 배급 받아야 하는 석유 수요국들이 러시아의 거래 중단 협박 앞에 60불의 가격상한을 지켜낼 수 있을 것인가?

　그에 대한 해답은 첫째, 지리(地理)의 힘에 있다. 러시아가 석유를 국제가격으로 공급하기 위해서는 파이프라인을 차단하고 해상운송을 해야 한다. 러시아는 EU의 가격상한제에 맞서기 위해 지난 수개월간 90척의 중고 유조선단을 구매하였다. 그러나 대륙국가 러시아의 바다 항로는 두 곳 뿐이니 하나는 발틱해를 지나 대서양으로 나가는 길이고 또 다른 하나는 보스프러스 해협을 통해 지중해로 연결되는 것이다. 발틱해는 NATO 회원국들로 둘러싸여 있고, 보스포러스 해협은 터키가 통제한다. 터키는 러-우전에 중립 입장이지만 결국 나토 회원국이다. 발틱해와 보스포러스 해협이 통제될 경우 러시아 유조선은 움직일 수 없다.

　둘째, 유조선은 해상운송 보험을 필요로 하고 세계 해상운송 보험 시장은 G7국, 그 중에서도 특히 영국과 미국이 장악하고 있다. 해상운송 사고와 환경규제에 대비해야 하는 러시아 유조선단은 영국과 미국 보험사의 보증을 받아야 움직일 수 있다. 러시아가 사우디와 더불어 세계 석유 카르텔을 지배한다면 영국과 미국은 세계 금융 카르텔을 움직인다. 누구의 힘이 셀지는 두고 보면 알 일이다.

　러시아에게 남은 선택은 생산을 중단하고 공급을 끊는 것이다. 그러나 러시아 혹한지 유전은 생산을 멈추면 설비가 얼기 시작하고 이내 곧 불능화된다. 생산물량 1,000만 배럴 중 수출물량 600만 배럴을 매일 저장할 수도 없고 바다에 뿌릴 수도 없다. 석유가격 상한제는 이제 현실화될 가능성이 높다. 진퇴양난, 러시아 경제에 적색등이 켜졌다.

2. 척박해지는 유럽 산업환경

(1) 번영의 조건

유럽의 제조업은 대략 35백만명, 노동인구의 15%를 고용한다. EU 산업 생산에서 독일은 27%, 이탈리아는 16%, 프랑스는 11%를 차지하고, 특히 세계 4위, 유럽 1위의 경제대국 독일은 자국 GDP의 20% 가량을 제조업에 의존한다. G7국가 중 최고 수준으로 독일의 부는 수출에 기인하고 일자리의 4분의 1이 수출에 달려있다.

1989년 독일 통일의 후유증으로 실업률이 12%까지 증가하며 고통 받던 독일 경제가 지금의 번영을 누리게 되기까지 두 번의 모멘텀이 있었다. 그 첫째는 1999년 유로화(euro) 출범이고, 둘째는 2010년대 들어 시작된 對 중국 수출 증가였다.

1999년 유로화가 출범하며 유럽 역내 무역이 활성화되고 2002년 유로화가 법정화폐로 통용되자 EU 내 국가별 산업경쟁력에 희비가 엇갈렸다. 유로화는 출범 당시 로컬통화들의 평균치를 적용하였다. 이는 강세 통화인 마르크화를 사용하던 독일 기업들의 제품 가격이 하락하는 효과를 가져왔고, 거꾸로 약세통화인 리라와 드라크마를 사용하던 남유럽 사업자들의 가격경쟁력을 앗아갔다. 독일 제조업은 값싸진 자국 제품을 앞세워 세계 1위의 소비시장인 유럽을 서서히 점령해 갔다.

두 번째 도약은 역외 수출, 특히 대 중국 수출에서 왔다. 2001년 WTO 가입 이후 중국은 고성장을 거듭하여 2010년대 들어 해안지대에 중산층을 토해냈다. 중국 중산층은 독일 럭셔리카를 사기 시작하였고, 본격적인 인프라, 도시, 교통망 건설을 위해 믿고 쓰는 독일 건설기계가 대거 도입되었다.

금융업이나 빅테크 등 서비스 산업을 발전시키지 못하고 제조업 중심인 독일 경제는 많은 문제점을 안고 있다. 인구의 고령화로 노동인구가 감소하고 1인당 GDP 4만불의 고임금에 산업별 노조는 경직적인 임금구조를 낳았다. 기업들은 유럽 최고 수준의 환경 규제, CO_2절감 목표 등을 부여 받았고, 에너지 대전환과 탈원전의 동시 추진으로 전기료는 프랑스 대비 3배 수준에 이른다. 독일 제조업은 노동·환경·전력비용 등 기업 환경에 불리한 요건을 모두 갖추고 있다 해도 과언이 아니다.

유일하게 경쟁력을 갖춘 것이 에너지 가격이었다. 빌리 브란트 총리의 동방정책으로부터 시작된 독일 에너지 정책은 정치적으로 좌우를 불문하고 사민당의 게르하르트 슈뢰더, 기민당의 앙겔라 메르켈 집권기를 거치며 20년 넘게 러시아로 경사되었다. 독일 제조업과 러시아 에너지의 결합이다. 독일은 저렴한 러시아 가스를 이용해 자원이 풍부한 미국, 인건비가 싼 동아시아 국가들과 경쟁할 수 있었다. 세계 자동차·기계·화학·광학 분야를 호령하고 수 천 개의 강소기업(hidden champion)이 떠받치는 독일 경쟁력의 원천은 바로 값싼 러시아 에너지라 해도 과언이 아니다.

(2) 붕괴하는 제조업

독일은 가스의 55%, 석탄의 50%, 석유의 35%를 러시아에 의존해 왔다. 석탄과 석유는 국제가격으로 제공 받는다지만 러-우 전쟁 이전 러시아산 천연가스의 가격은 미국 대비 1/2~1/3 수준에 불과하였다. 천연가스는 발전, 난방, 취사, 산업용으로 두루 사용되는데 그 중 산업용 수요는 27~28%를 차지한다. 주로 화학비료 산업의 원자재로 사용되거나 500~1500℃ 고온 공정을 필요로 하는 철강, 아연, 알루미늄, 유리, 세라믹, 제지, 식품, 섬유 분야에 사용된다. 풍력, 태양광이 내는 저온 에너지로 대체할 수 있는 것이 아니다.

가스 가격이 오를 경우 기업들의 대응은 생산을 줄이고 제품 가격을 올리는 것이다. 문제는 그것이 쉽지 않다는 점이다.

첫째, 생산 감축을 살펴 보자. 가스 수요의 80%를 차지하는 화학, 비료, 금속, 유리, 세라믹, 제지, 섬유산업은 대규모 용광로나 가열기를 포함한 일관공정으로 1년 365일 공장을 가동하여야 한다. 대략 150만명이 이들 산업에 고용되어 있다.

주말 휴무같이 잠시 생산을 중지하거나 10~20% 소규모 단위로 생산량을 줄일 수 있는 것이 아니다. 오직 선택은 공장 단위 별로 생산을 하거나 말거나 둘 중 하나일 뿐이다. 한번 가동을 중단하면 생산을 재개하는 데 6개월~1년의 준비기간이 필요하다. 독일 통계에 따르면 2022년에만 생산량이 10% 감소하였다는데, 그것은 기업들이 평균적으로 고르게 생산량을 줄인 것이 아니라 손실 누적을 이기지 못한 단위 공장들의 가동중단이 누적된 결과가 10% 감소라는 것이다.

둘째, 가격전가도 어렵다. 이들 제품은 대부분 중간재로 국제 경쟁을 하고 있다. 비싸진 유럽 제품 대신 아시아와 남미의 제품을 수입해 오는 것이 더 싸다면 당연히 수입하는 것이 유리하다. 예를 들어 비료의 국제가격은 현재 유럽 생산가의 2분의 1에 불과하다.

브레멘과 함부르크의 철강공장이 문을 닫고, 슬로바키아의 알루미늄 제련소가 치솟은 전기비용을 이기지 못해 인력의 2/3를 해고하고, 노르웨이와 독일의 비료업체가 생산은 하지 않고 남미로부터의 수입에 더 몰두한다. 아연공장, 제당공장, 유리공장, 실리콘공장들이 문을 닫는다. 거대한 손실을 보고 있는 BASF의 루드비히스하펜 공장은 중국 광조우의 공장이 건설되면 완전 폐쇄될 것이란 흉흉한 소문이 돈다. 유럽 화학업체들은 산업혁명 이래 처음으로 해외 수입이 역내 생산을 초과하는 상황을 목도하고 있다.

가격이 오르고 납품이 안될 경우 밸류체인으로 묶여 있는 다운스트림 공정들은 저렴하고 안정적인 원자재 확보를 위해 거래선을 바꿀 수밖에 없다. 이는 대부분 수입제품으로 대체되고 유럽 업체들은 납품처를 잃는다. 중간재를 생산하는 기업들의 거래선이 한번 바뀌면 그것은 반(半)영구화 된다.

이런 현상은 시작에 불과하다. EU는 가스 수요 15% 감축을 목표로 내걸고 있는데, 근검절약 캠페인으로 줄일 수 있는 수요는 불과 1~2%에 불과하다. 배급제가 강행된다면 그 충격은 어디로 갈 것인가? 정부는 학교와 병원의 문을 닫기보다 공장을 폐쇄하는 선택을 할 수밖에 없다. 아이들의 교육과 노약자의 건강은 항상 산업활동에 우선한다. 유권자의 분노를 사면 안 되는 것이다.

정책당국자들은 비장한 얼굴을 하고 에너지 절감 대책을 마련하고 그린 에너지로의 혁명을 완수하겠다고 다짐한다. 그러나 2030년까지 넷제로를 달성하기 위해 1년에 30기가와트의 재생에너지 시설이 필요하나 실제 건설 실적은 6.5기가와트에 불과하고 매일 6기의 풍력터빈을 설치해야 하지만 실제로는 1개에 불과하다. 이상과 현실의 괴리는 깊어만 간다. 눈치 빠른 대기업들은 생산을 줄이고 공장을 폐쇄하고 해외 이전을 서두른다. 자본력이 부족한 중소기업들은 아무런 대책이 없다.

유럽 정치인들은 경기 침체 대응책으로 수 십만 명의 공공분야 일자리를 만들고, 기업 대출을 늘리고, 에너지 요금에 보조금을 지급한다. 인프라, 방위, 기간산업에 더 많은 돈을 투자하고, 전기차, 풍력, 태양광 패널 산업의 서플라이 체인을 만들겠다고 공약한다. 하지만 어떻게, 무슨 돈으로? 유로존 정부의 지출은 이미 GDP의 50%를 넘겼다. 1970년대 인플레이션 와중에 서구 각국들이 정부 지출을 늘린 결과는 스태그플레이션이었다. 50년전과 똑 같은 일이 유럽에서 벌어지고 있다. 구제금융이 금지되어 있는 ECB는 결국 유로화를 찍어내는 수밖에 없을 것이다. 화폐타락의 지옥문이 열리고 있다.

3. 중국으로 가는 길

　미국은 인플레이션 감축법(IRA)으로 3,690억불의 지원책을 흔들며 미국 산업 보호에 나섰다. EU도 강력 반발하며 대응책을 강구한다. 자국 우선주의가 대세로 떠오르며 국경 없는 무역보다는 자국 산업 보호가 먼저다. WTO 체제는 사실상 무너졌다.

　국경선 안에 만족할 수 없는 대기업들은 생존 대책을 마련해야 한다. 남미로, 북미로 생산기지 이전 러시 속에 독일 기업들은 외려 중국으로 달려가고 있다. 독일은 무역의존도(GDP 대비 수출입합계액 비율)가 70%에 달하는 무역대국이고, 수출의존도는 약 40%이다. 중국은 2016년 이후 6년 연속 독일의 최대 무역 파트너였고 2021년 교역액은 2,450억유로로 전체 교역액의 10% 수준이다. 이 중 1,000억유로는 대 중국 수출이다.

　독일 자동차산업의 근간인 폭스바겐은 중국에 40%의 자동차를 판다. 대기업들의 대 중국 매출비중은 BMW 28%, 다임러 22%, 지멘스 13%, BASF 15%이다. 독일 제조업체의 46%가 중국으로부터 중간재를 조달하고 있다. 앙겔라 메르켈은 16년 집권 동안 중국을 12번 방문하며 중국시장에 공을 들였다. 독일의 황금기를 이끈 경제모델은 값싼 러시아 에너지를 공급받아 중국에 수출하는 것이었다 해도 과언이 아니다.

　수출로 부를 일구는 독일이 세계화가 종료되고 두 개의 진영으로 분리되어가는 지금, 독일 정부는 아시아, 아프리카, 북아메리카, 남아메리카 등 전세계 각지에 두루 투자하도록 유도하여야 한다. 그러나 선택과 집중을 해야 하는 개별 기업 입장에서는 자동차, 화학제품, 기계류의 가장 큰 시장인 중국은 제1투자처임이 확실하다. 자본의 회임기간이 10년이 넘는 중후장대형 산업 중심의 독일 기업들에게 아프리카나 남아메리카나 중국이나 정치경제적 불확실성이 높기는 매한가지다. 그나마 시장이 크고 성장가능성이 높은 중국으로 달려가는 것은 지극히 합리적 선택이다.

예를 들어 BASF는 중국에 연간 120억유로를 판매하고 있고 광조우 인근에 100억유로를 들여 석유화학단지를 건설하고 있다. 중국은 세계 화학 기업 수요의 60%를 차지하고 원자재의 40%를 차지한다. BASF는 생존을 위해 유럽에서 철수하고 중국에 투자하는 것이다.

독일 할인점 체인 Aldi는 중국에 수 백 개의 점포를 열 계획이고 자동차부품업체 Hella는 상하이에 공장을 두 배로 증축하고자 한다. 지멘스는 중국에 디지털 산업 부문을 신설하기로 하였고, 폭스바겐은 위구르족 인권 탄압 논란이 가시지 않은 상태에서 우르무치 공장을 가동하고자 한다. 독일 업계는 2022년 상반기에만 100억유로를 투자했다. 독일은 브랜드 대기업과 수많은 중소기업으로 이루어진 경제 구조상 제조 기지 중국과 손을 잡을 수밖에 없다. 독일 산업계는 중국으로 전력 질주하고 있다.

독일 국민들의 살림살이를 책임져야 할 올라프 숄츠 총리는 이러한 현실을 인정하고 중국 국영 해운업체인 Cosco의 함부르크 터미널 지분 24.99%의 투자를 허용한다는 선물을 들고 지난 11월초 베이징을 방문하였다. 반면 사민-녹색-자민 연정내 녹색당 출신 강경론자인 경제부 장관 로베르트 하벡은 대 중국 투자에 제동을 걸고자 한다. 연정내에서도 노선 갈등은 심각하다.

독일 기업들은 자국에서 사업하는 것에 대한 환경론자들의 적대감에 오랫동안 시달려 오다 2022년 에너지 대란을 맞아 유럽 탈출을 앞당겨야 할 중대한 기로에 섰다. 이제 유럽을 떠나 중국을 선택한다면 대 중국 강경론자들의 적대감을 이겨내야 하는 새로운 문제에 봉착했다. 과거 20년간 번영을 구가하던 독일 경제 모델이 종언을 고했다. 일본의 '잃어버린 20년'이 독일에 재현되려 하고 있다.

4. 몰락과 번영의 갈림길

독일은 러-우전 이전으로 돌아가고 싶어 한다. 휴전을 한다면 독일은 우크라이나에 대규모 재건비용을 제공할 의향도 능력도 있을 것이다. 만일 우크라이나가 거부한다면 독일과 러시아는 노드스트림 파이프라인을 열어 직거래를 할 수 있다. 그러나 노드스트림이 파괴된 지금 그 옵션은 사라졌고 휴전 여부와 그 조건은 우크라이나가, 아니 좀 더 냉정하게 말해 우크라이나를 지원하는 미국이 정할 수 있게 되었다.

독일과 러시아는 지난 20년간 산업적으로 동맹 관계였다 해도 과언이 아니다. 독일은 러시아의 에너지를 원하고 러시아는 독일의 산업기술을 필요로 한다. 양국은 함께 손을 잡으며 번영을 누릴 수 있었고 유럽의 패권국으로 올라설 수도 있다. 미국은 독일과 러시아가 손을 잡는 것에 대해 오랫동안 경고해 왔고, 그 하일라이트는 노드스트림 프로젝트 반대였다. 이제 독일은 러시아 에너지가 차단되며 제조업 경쟁력을 잃어가고 있고, 러시아는 석유 소비국가들의 카르텔 공격으로 경제 침몰이 눈앞에 다가왔다. 미국의 다음 타겟은 독일과 중국의 경제동맹이 될 것이다.

20년간의 번영에 취한 독일은 불행히도 제조업을 대신할 그 어떤 산업도 발전시키지 못했다. 세계 투자은행계에서 도이체방크는 퇴출되었고 코메르츠방크는 로컬은행이 된지 오래다. 범 독일계 자본으로 볼 수 있는 스위스(스위스의 제1국어는 독일어다)의 UBS는 벌써 2008년에 월가에서 철수하였고, Credit Suisse는 아케고스 사태의 충격을 이기지 못하고 사우디 왕가를 1대주주로 모시게 되었다.

전자·반도체·컴퓨터 산업은 포기한지 오래고 EU란 거대 단일시장을 갖고 있음에도 빅테크 기업도 없다. 한 때 도이체방크 시가총액을 능가했던 핀테크 결제업체인 Wirecard와 영국 Greensill Capital의 실패는 유럽판 빅테크 기업은 과연 가능한지 깊은 회의감을 낳았다.

제조업은 공동화되고 전자, 금융, 테크 산업도 발전시키지 못한 유럽의 미래는 어떻게 될 것인가? 특히 제조업에 고용의 4분의 1을 의존하고 유럽의 공장으로 군림하던 독일 경제의 미래는 어떻게 될 것인가?

유럽의 산업이 공동화된다면 그 동안 유럽시장에서 고전하던 한국 기업들에게 드디어 기회의 문이 열릴 것인가?

유럽은 더 강한 보호주의로 돌아갈 것이다. 탄소배출권, ESG 규제가 강화됨은 물론, 역내 기업에 대한 수 천억 유로의 에너지보조금 지급, 국경 관세에 준하는 탄소세 도입 등 역내 기업들을 도와줄 보호주의적인 조치들이 더 많이 도입될 것이다. 결국 유럽시장은 유럽인들의 몫이고 독일을 대체할 다른 국가들이 역내에 부상할 것이다.

그 후보지는 과연 어디일까? 충분한 소비시장과 저임의 노동력을 갖추고 환경규제가 간소하고 마지막으로 해운수송에 적합한 지역이라야 한다. 유럽에서 이들 조건을 만족하는 곳은 폴란드와 터키뿐이다. 유럽 산업공동화의 원년으로 기록될 2022년을 보내며 이제 독일의 시대가 가고 폴란드와 터키가 오랜 잠에서 깨어나 유럽 산업계를 주도하는 미래를 감히 예견해 본다.

3. 나토 마드리드 회의의 산업적 의미

나토 마드리드 회의의 산업적 의미 [1]

김명수

1. NATO 마드리드 회의가 남긴 것

2022년 6월말 스페인 마드리드에서 열린 나토 정상회의에 한국은 일본, 호주, 뉴질랜드와 함께 아시아태평양 파트너국가 자격으로 참여하였다. 영어권 국가도, 파이브아이즈[2] 국가도, G7국도 아닌 한국이 NATO 정상회의에 참여하였다는 것은 국제정치적 무게와 함께 산업적으로도 엄청난 의미를 지닌다. OPEC에 러시아가 가세함으로써 OPEC+가 되었다면, NATO에 아·태 파트너국들이 참여한다는 것은 앞으로 NATO가 대서양을 넘어 확장된 안보 동맹, 즉 NATO+로의 재편을 예고한다. NATO+는 국제분쟁 앞에 무력한 UN을 대체해 나갈지도 모른다. 그 속에서 한국은 새로운 의무와 권리를 부여 받게 될 것이다.

우크라이나 전쟁의 와중에 소집된 이번 회의에서 이른바 NATO의

---

1) 이 글은 2022년 8월 3일 게재된 글이다.
2) '5개의 눈(5 Eyes)'을 뜻하는 미국, 영국, 캐나다, 호주, 뉴질랜드 5개국 간 상호 첩보 동맹이다.

'신 전략 개념(New Strategic Concept)'이 발표되었다. 12년 만에 개정된 '신 전략 개념'은 NATO의 안보 환경변화에 따라 전략적 목표를 변경하고, 이를 실천하기 위한 행동원칙들을 천명한 것이다. 여기서 NATO는 러시아의 침공을 격렬히 비난하며 對러 억지력을 강화할 것임을 명시하였고, 중국에 대해서도 권위주의적 정책의 악영향과 국제질서에 대한 현상변경 시도를 경계하는 입장을 분명히 했다.

NATO 마드리드 회의는 냉전 종식 이후 30년간 지속된 미국 중심의 단극 체제(Unipolar System)가 막을 내리고 서구(미국, 유럽, 일본) 대 非서구(중, 러) 진영간 신 냉전 체제의 시작을 알린 분기점으로 후세에 기록될 것이다. 이 회의에 한국이 초대됨으로써 우리나라는 서구 진영의 일원으로 간주될 것이다. 이것은 한편으로 한국 경제가 미국, 유럽, 일본 등 서구 국가들과 함께 할 것임을, 다른 한편으로 반대편의 중·러 진영과 중장기적으로 마찰이 불가피해진다는 것을 의미한다. 세계경제는 두 개의 진영으로 재블록화 되어가고 있고 두 진영과 양다리를 걸친 한국 경제는 번영과 시련의 세월을 함께 겪을 것이다. 이미 반도체, 디스플레이, 배터리 산업에는 그 파고가 넘쳐 들고 있다.

유럽에는 불황의 조짐이 완연하고 미국도 2분기 연속 마이너스 성장으로 경기침체 우려가 높다. 미국과 유럽에 1970년대 스태그플레이션과 비슷한 상황이 온다면 50년전보다 훨씬 덩치가 커지고 세계경제와의 연결도가 높아진 한국 경제의 앞날은 어떻게 될 것인가? NATO진영 참가로 한국 기업들이 중국 시장에서 다시 한번 차별 받는다면 그 대가로 미국과 유럽시장에서 얻게 될 실익은 무엇인가?

한국의 무역 거래에서 유럽이 차지하는 비중은 10% 수준에 불과하다. EU란 틀로 묶여있고 보호무역적인 유럽의 속성상 앞으로도 무역거래가 확장될 가능성은 높지 않을 것이다. 그러나 금번 한국의 NATO 회의 참여는 한국 산업계에 의외의 횡재를 예고했으니 그것이 바로 '원전'과 '방위산업'이다. 두 산업에 어떤 일들이 벌어지고 있는지 알아보자.

2. 부상하는 원전산업

후쿠시마 원전 사고 이후 거의 세계 표준이 되다시피 한 가압형 경수로를 건설할 수 있는 나라는 미국, 프랑스, 한국, 중국, 러시아 5개국에 불과하다. EU는 지난 7월초 2023년 1월 1일부터 시행될 택소노미에 환경그룹의 반대를 무릅쓰고 원전을 포함시켰다. 친환경 재생에너지의 간헐성을 극복하기 위한 기저전력으로서 원전의 유용성을 인정한 것이다. 게다가 러시아와의 화석연료 거래를 차단하기로 결의한 이상, 원전의 중요성은 더욱 강조된다.

국제에너지기구(IEA)는 2050년에 원자로 용량이 2배가 될 것이라고 예측하였고, 영국, 프랑스, 폴란드, 체코, 네덜란드 모두 원전 건설 계획을 발표했다. 유럽은 러시아 가스를 대체하기 위해 앞으로 15년간 최소 40기가와트의 발전용량을 확보해야 하고 이는 대형 원자로를 30기 이상 건설해야 한다는 것을 의미한다. 문제는 누가 건설하느냐다.

(1) 파산 상태의 미국 원전 산업

미국은 1979년 쓰리마일 원전사고 이후 자국 내에서 대형원자로 건설사업을 수행해 본 경험이 없다. 대형 원자로 사업은 2008년에야 비로소 재개되었는데 미국 사우스캐롤라이나주 V.C. Summer 발전소에 2기, 조지아주는 보그틀(Vogtle) 발전소에 2기를 주문한 것이 그것이다.

웨스팅하우스는 여기에 신형 AP1000 원자로를 공급하기로 하였다. 신형 원자로는 안전성을 강화하고 공장 제작 방식으로 공정관리도 수월하다고 밝혔지만, 문제는 공장에서 발생했다. 원자로 현장 기술자들은 유지보수에만 익숙해 신규 건설 경험이 없었고 심지어 정밀용접 기술자는 모두 은퇴하였다. 웨스팅하우스는 건설 지연과 경비 과다의 하중을 견디지 못하고 2017년 파산하였다.

반도체에서의 패배를 딛고 새롭게 부상하는 원전시장의 지배자를 꿈꾸며 웨스팅하우스를 인수한 일본 도시바에도 큰 문제가 생겼다. 엘리엇 등 헤지펀드들이 회계 투명성과 지배구조 문제를 제기하며 도시바 경영진을 공격한 것이다. 끝내 150년 전통의 일본 도시바는 헤지펀드에 굴복하고 사업구조 재편을 준비 중이다.

사우스캐롤라이나주는 공사 지연과 안전문제로 V.C. Summer 프로젝트를 취소하였다. 최근 기업 투자 증가로 전력 공급이 긴요한 조지아주는 2023년 1분기 보그틀 발전소 가동을 목표로 밀어붙이고 있다. 내년 초 완공된다면 건설 시작 15년만의 일이다.

환경단체의 목소리에 민감한 미국 민주당 정부는 소형 모듈 원자로(Small Modular Reactor, SMR) 사업에 큰 기대를 걸고 있다. 그러나 규모가 작아 덜 위험하고 건설공정상의 문제점을 개선할 수 있다는 SMR 사업은 아직 많은 문제를 안고 있다.

빌게이츠의 테라파워, 영국의 롤스로이스 등 SMR 지지자들은 이것이 통제된 환경인 공장에서 조립할 수 있기 때문에 현장에서 건설하여야 하는 대형 원자로 대비 제조과정에서 문제를 예방할 수 있다고 주장한다. 그러나 '미국 원자력 해군의 아버지'라 불리는 리코버[3] 제독이 개발하여 핵잠수함과 핵항모에 적용하던 SMR은 1960년대 상업화 과정에서 규모의 경제를 위해 대형화된 것이다. 대형 원자로도 최근 각종 환경 및 안전 투자로 경제성을 잃어가고 있는데, 몇 백 메가와트 수준의 소형 원전이 경제성을 가질 수 있을지 의문이 생긴다. 미국 Nuscale이 폴란드에서 6기의 SMR을 수주하였고, 영국 롤스로이스도 자국 내 건설을 추진 중이지만 SMR사업의 성공 여부는 좀 더 두고 볼 일이다.

(2) 시공능력 부족에 시달리는 프랑스

프랑스도 이미 56기의 원자로를 가동 중이고 전기의 70%를 원자력에서 얻고 있다. 마크롱 대통령은 친환경을 중시하여 원전 비중을

---

3) 하이만 리코버((Hyman George Rickover, 1990~1986) 제독은 원자로를 개발하고 1958년 세계 최초의 원자력 잠수함 USS 노틸러스호를 진수시켜 미국 원자력 해군의 아버지로 불린다. 리코버 제독의 지휘 아래 잠수함용 원자로, 항공모함용 원자로, 발전용 원자로가 개발되었다.

50%로 줄이기로 하고 탄소세 성격의 유류세 인상을 시도하였다. 프랑스 시민들은 노란조끼를 입고 거리로 뛰쳐나오며 거세게 저항하였고 마크롱은 어쩔 수 없이 원전 중시로 회귀하였다. 프랑스는 앞으로 10년간 최소 6개의 핵발전소를 더 짓기로 하고 사용연한 40년으로 제한된 현존 원자로 수명도 50년 이상으로 늘리기로 하였다.

그러나 프랑스도 후쿠시마 사태 이후 원전을 더 이상 짓지 않아 시공능력을 잃어버렸다. 프랑스 국영 전력회사 EDF는 2004년 자국내 Flamanville 발전소에 원자로를 주문을 하였다. 여기에 적용될 유럽형 가압경수로는 프랑스 국영 원자력 엔지니어링회사인 아레바(Areva SA)가 이끄는 컨소시엄에 의해서 개발되고 있다. 그러나 Flamanville 발전소는 원래 2012년 가동 예정이었으나 용접 불량으로 2022년인 아직도 공사 중이다. EDF는 Flamanville 발전소를 2023년 중반부터 운영할 계획이나 여기에 지출된 127억유로는 원래 예산의 4배를 초과한 것이다.

프랑스 아레바는 2005년부터 핀란드 Olkiluoto 발전소에 원자로를 시공하고 있다. 그러나 콘크리트 슬라브 부실시공과 모니터 시스템 문제로 프랑스 아레바와 독일 지멘스간 송사가 붙었고, 용접 불량문제가 보태지며 예정보다 13년이 늦어졌다. Olkiluoto 전력 컨소시엄은 당초 30억 유로의 예산을 훨씬 뛰어넘은 57억 유로를 지출하였고, 여기에 원자로를 납품한 프랑스 아레바는 55억 유로 적자를 기록하였다.

프랑스 EDF는 중국업체와 컨소시엄을 이루어 2016년부터 180

억파운드(약 225억불)를 들여 영국 서부 브리스톨 해협의 힝클리(Hinkley Point)에 2개의 원자로를 건설 중이다. 3.2기가와트급 2기의 원자로는 영국 전력 수요량의 7%를 공급할 예정이다.

그러나 힝클리 프로젝트는 공사지연과 비용상승으로 채산성이 급격히 악화되고 있다. 코로나 락다운으로 인한 공사지연과 부품공급 문제로 180억 파운드의 당초 예산을 훨씬 초과하여 지금은 250~260억 파운드가 소요될 것으로 추산된다.

비용과다와 스케줄 지연 문제는 과연 원전이 천연가스, 석탄 등 화석연료는 커녕, 재생에너지와도 경쟁할 수 있을지 의문을 제기한다. 2013년 영국정부와 EDF가 계약했을 때 힝클리는 메가와트당 92파운드(당시 145달러)로 전기를 생산할 계획이었다. 당시 해상풍력은 메가와트당 125파운드였으나 스케줄 지연과 투자비 초과 문제로 이제는 풍력보다 비싸졌다.

프랑스 국영 전력회사인 EDF는 영국과 프랑스에 새로 짓고 있는 핵발전소의 비용 초과와 관련, 부채문제가 심각하다. 프랑스 정부는 해결책으로 EDF의 완전 국영화를 선언하였다. 80%의 주식을 보유한 프랑스 정부는 시장에 상장된 주식 20%, 약 100억유로 상당을 공개매수할 예정이다. 이는 우리나라에서도 참고할 일이다.

(3) 배척되는 러시아와 중국

　러시아와 중국은 이런 문제를 발생시키지 않는다. 러시아와 중국은 후쿠시마 이후에도 계속 시공을 하고 있었고, 국내든 해외든 시공결함은 없었다. 현재 유럽 원전시장에서 온전한 건설 역량을 보여준 곳은 러시아와 중국 밖에 없다.

　2008~2021년간 러시아 국영 원자로회사인 로자톰(Rosatom)은 5개의 발전소에 10개의 원자로를 건설하였다. 중국의 CGN도 웨스팅하우스의 AP1000과 프랑스 아레바의 EPR을 포함한 다양한 디자인의 원자로를 건설하고 있다. 중국 CGN이 광동성 타이샨에 건설한 EPR이 대표적이다.

　애초 서구 국가들은 러시아와 중국이 주도하는 원자로 사업에 우호적이었다. 올해 초 로자톰은 EU 지역에서 4기의 원자로 수주를 기대하였고, 2월에 영국 정부는 중국 원자로 디자인인 화룽 1호(Hualong One)를 승인하였다.

　그러다 전쟁이 터졌다. 불가리아는 자국 원자력발전소 사업에서 러시아를 배제하였고, 체코도 가장 유력한 후보자였던 러시아를 원전 사업에서 제외하였다. 헝가리 중부지역에 짓고 있는 러시아 원자로 Paks 5, 6호기는 빅토르 오르반 총리의 지지로 계속되고 있지만, EU가 경제재건 예산 150억 유로를 지원하는 대가로 러시아 금수조치를 요구하고 있어 이 프로젝트가 무사히 진행될지 의심받고 있다.

핀란드 Hanhikivi 발전소에 투자하고 있는 Fennovoima 컨소시엄에는 로자톰이 원자로를 공급할 뿐 아니라 34% 지분을 보유하고 있다. 핀란드는 지난 5월 이미 러시아가 완공한 Hanhikivi 원자력발전소의 사용허가를 줄 수 없다고 발표했다. 러시아와의 계약을 파기한 것이다. NATO 가입을 원하는 핀란드는 완공 후 우라늄 원료봉을 러시아로부터 계속 공급받아야 한다는 것을 문제시 하였다. 이것은 국제분쟁으로까지 비화되고 있다.

유럽에서 가장 큰 원전 시장은 영국이다. 영국은 현재 전력의 16%를 원전에 의존하고 있다. 2030년까지 6기의 원자로를 퇴장시킬 예정으로 2035년까지 15GW, 2050년까지 30GW 증설을 계획 중이다. 보리스 존슨 총리는 최소 8기의 원자로를 건설하겠다고 밝혔다.

영국 원전 시장은 프랑스와 중국이 주도하고 있다. 앞에 언급했듯이 중국 CGN은 프랑스 EDF와 함께 힝클리 원자로를 건설하고 있다. 3.2 기가와트급 유럽 최초의 차세대 원자로인 이 프로젝트에 CGN은 20%의 지분을 가지고 있고, 발전소 파이낸싱에도 참여하여 1/3의 자금을 대고 있다. 영국은 2020년 중국 5G 통신서비스 도입을 금지시키며 CGN에 대한 정밀조사에 들어갔지만 힝클리와 관련해서는 별다른 조치를 취하지 않았다. 이미 힝클리에는 100여명의 CGN 엔지니어들이 와 있고, 프로젝트의 조속한 마무리가 먼저이기 때문이다.

그러나 앞으로는 다를 것이다. 힝클리 후속으로 영국 서포크 지역 사이즈웰(Sizewell)에 프랑스 EDF는 중국 CGN과 컨소시엄으로 참여할 예정이었다. 사이즈웰은 힝클리의 원자로를 채택할 계획이다. 그러나 영국은 CGN의 참여를 거부하였다. 대신 영국정부와 EDF 가 각각 20% 지분 참여하고 나머지 60%의 투자처를 찾고 있다. 영국 정부는 미국의 참여를 원하고 있으나 파산상태의 미국 웨스팅하우스가 참여하기란 어려운 일이다.

영국 에너지부 관계자는 NATO 마드리드 회의 이후 한국을 방문할 예정이라 한다. 한국에게 좋은 기회이긴 하지만 영국 정부의 과도한 간섭으로 공사가 10년씩 지연되고 수백억 유로의 손실을 보고 있는 영국 원전 사업에 참여한다는 것은 쉬운 결정이 아니다. 최근 영국 정부는 원전 공사단가의 인상을 전기요금에 반영할 수 있도록 법을 변경하였다. 영국 시장 참여가 성공하기 위해서는 한국 기업들의 슬기로운 대응이 요구된다.

3. 부상하는 방위산업과 서구의 준비부족

1940년 12월 29일 프랭클린 루즈벨트 대통령은 노변정담(fireside chat) 에서 미국이 "민주주의의 무기고(the great arsenal of democracy)"가 되어야 한다고 연설했다. 진주만이 공습 당한 후에 미국의 자동차산업은 군수산업으로 변신하였다. 올스모빌은 대포 탄환, 캐딜락은 탱크와 야포, 크라이슬러는 브라우닝 기관총을 찍어냈다. 포드는 B-24 폭격기를 한 시간에 한 대씩 만들어냈다.

2차대전 때 미국이 연합군에게 무한정의 무기를 공급했듯, 바이든 행정부는 우크라이나 전쟁 초기 136억불을 지원한 데 이어 330억불을 추가 지원하기로 했다. 이 중 200억불은 우크라이나와 NATO 동맹국에 대한 군사지원이다. 폴란드는 구 소련제 T-72 탱크 240대, 자주식 곡사포, 다연장 로켓포, 체코는 수십대의 T-72 탱크, 독일은 50대의 게파드 대공포를 지원하기로 했다. 이제 유럽은 방위력 공백을 메우고 군비 증강을 위해 스스로 무기 구매에 나서야 한다.

(1) 방산 투자를 게을리한 유럽

NATO 마드리드 회의에서 對러 적대시 정책을 분명히 했고 독일과 동유럽 국가들에게 안보 문제는 이제 시급한 현실이 되었다. 독일의 국방비 증액 발표에 이어 폴란드도 국방 지출을 2023년에 GDP 의 3%까지 늘리기로 했다. 對러 1선국가인 루마니아, 라트비아, 리투아니아도 국방 예산을 늘리기로 하였다.

이것은 독일의 라인메탈(Rheinmetall), 헨솔트(Hensoldt), 티센크룹, 영국의 BAE시스템즈, 이탈리아의 레오나르도, 프랑스의 탈레스, 다쏘 등 방위산업체에 큰 횡재를 뜻한다. 그러나 이들 업체들은 유럽 각국의 임박한 발주에 대응체제가 갖추어지지 않았다. 그것은 냉전 종식 이후 30여년간 정부와 방산업체간 신뢰관계가 무너졌기 때문이다.

독일 자동차산업에 문제가 생기면 총리가 달려가 신경을 쓰지만, 방산업은 지난 30년간 소외되어 왔다. 국방예산은 매년 줄어들고 무기 구매 예산은 더 빠른 속력으로 줄어 들었다. 이를 반영하듯 예산 집행에서 자국산 우선 원칙은 뒤로 밀리고 가격과 효율을 중시하게 되었다.

일례로 독일 정부는 자국 티센크룹해양시스템(Tyssen-krupp Marine System, TKMS)을 외면하고 네덜란드 DAMEN사에 67억달러 상당의 프리깃함(호위함)을 주문했다. 망연자실한 TKMS는 자국 시장보다 싱가폴에 납품할 잠수함 사업에 주력하고 있다. 심지어 최근까지 티센크룹 그룹에서는 사업전망이 불투명한 TKMS의 매각까지 고려하고 있었다.

그러나 우크라이나 전쟁 이후 모든 것이 바뀌었다. 독일 TKMS는 갑자기 티센크룹 그룹의 귀중한 자산이 되었다. 독일에서 가장 큰 방위산업체인 라인메탈은 10년간 420억유로어치의 제품 리스트를 제공하며 대형 주문을 기다리고 있다. 에어버스에서 분할된 독일 항공 시스템업체 헨솔트도 기대에 부풀어 있다.

금융시장도 변화하고 있다. ESG 룰에 의거, 방산업은 사회적으로 무익하고 위험한 산업으로 인식되어 금융권은 대출과 투자를 기피해왔다. 예를 들어 독일 상업은행들은 티센크룹 그룹 매출의 10% 이상이 방산업이면 더 이상 대출해주지 않겠다고 위협해 왔다. 8,310억 스웨덴크로나(한화 약124조원)의 자산을 관리하는 스웨덴의 최대 자산관리회사 SEB Investment Management는 그 동안 방위산업 투자를 금지해 왔다. 그러나 SEB 는 최근 방위산업 투자 제한을 해제하였다.

스웨덴의 대표적 방산기업 사브(Saab)도 흥분한다. 발렌보리 가문이 대주주이고 완전한 민간기업인 사브는 그리펜 전투기, 잠수함과 다양한 무기시스템을 생산한다. 그러나 스웨덴은 NATO 회원국이 아니므로 NATO 시스템과 호환되지 않는다. 그만큼 시장이 제한된 것이다. NATO에 스웨덴이 가입하게 된다는 것은 사브에게 엄청난 기회를 의미한다. NATO의 무기 시스템과 호환되는 미사일 시스템, 센서, 지휘통제시스템을 장착하고 NATO 회원국 시장을 누비게 될 것이다.

그러나 현단계에서 분명한 것은 독일 정부가 록히드마틴에 F-35 전투기 35대, 보잉의 CH-47F 치누크 중헬기 60대를 주문했다는 것이다. 아직 유럽 업체에 대한 주문은 없다. 과거 30년간 연구개발 외면으로 방산제품의 현대화가 이루어지지 않았기 때문이다. 독일과 프랑스 간 주도권 싸움으로 차세대 전투기와 탱크 개발사업이 지지부진하여 유럽 국가들은 즉시 전력이 될 수 있는 미국산을 살 수밖에 없다.

독일의 사정은 긴박하다. 그나마 프랑스 방산업은 165,000명을 고용하는데 반해, 독일은 그 1/3인 57,000명을 고용하고 있다. 독일 정부가 주문량을 갑자기 늘린다 하더라도 공급망이 무너지고 연구개발이 뒤처진 독일 업체가 그 수요에 대응역량을 갖추는 데는 5~10년이 걸릴 것이다. 독일 정부를 신뢰하지 않는 방산업체들은 주문서를 받아들 때까지 움직이지 않는다. 30여년간 평화의 분위기에서 유럽의 제조업 본산을 자처하는 독일이 방산업 투자를 게을리한 결과다.

(2) 고비용 구조의 미국 방산업

즉시전력이 필요한 서유럽 국가들도 미국 무기를 선호하지만 냉전 이후 NATO에 합류한 동유럽 국가들도 마찬가지다. 첨단무기이기 때문이 아니라 러시아와의 고리를 끊고 미국과 연결되기를 원하기 때문이다. 그러나 미국 제품은 지나치게 비싸고 우크라이나 전쟁을 통해 미국의 방위산업은 급증하는 수요에 대응태세가 갖추어지지 않았다는 것이 증명되었다.

 록히드마틴과 레이시온이 공동 생산하는 재블린은 연간 2,100대를 생산할 수 있으나 이를 연간 4,000대로 올리려 한다. 그러나 로켓 모터 공급부족과 단종 부품을 대체할 설계변경 등으로 생산량 증대에는 수년이 걸릴 것이다. 러시아산 티타늄을 대체할 공급망도 확보해야 한다. 자동화가 어려운 방산업의 특성상 생산량 증대를 위해 고용을 늘려야 하지만 노동력 제약으로 그마저 쉽지 않다. 시간당 최저임금 15불을 훨씬 초과한 20불에도 생산인력을 고용하기 어렵다.

 사실 미국 국방부는 냉전 종식 이후 방산업체가 생산능력을 유지할 수 있도록 물량을 보장해 주지 않았다. 일례로 세계 유일의 스팅거 미사일 주문자인 미 국방부는 무려 18년 동안 발주하지 않았다. 방위산업계에 불어 닥친 불황은 지난 30년간 업계 도산과 인수합병으로 이어졌다. 미사일 업체는 1990년 13개에서 2020년 3개로 줄어들었고, 항공기는 8개에서 3개로, 장갑차는 6개에서 3개, 탱크는 3개에서 1개로 줄어들었다. 전체적으로 미 국방부 협력업체는 5,000개에서 1,000개로 감소하였다.

 그렇다고 미국이 방위비 예산을 감축한 것은 아니다. 오히려 전자전과 첨단무기 개발에 주력해 오며 예산은 늘어났다. 이는 개발 역량이 있는 대형업체에 예산이 집중되어 빅 5(록히드마틴, 레이시온, 노드롭 그루만, 제너럴다이내믹스, 보잉) 중심의 업계구조를 만들어냈다. 미국 빅5는 미국 방위산업 매출의 50%를 차지한다.

이들 상위권 업체들도 가격경쟁에 시달려야 하는 범용 무기 보다는 부가가치가 높은 고성능 첨단무기 개발에 매달려왔다. 2020년에 방위산업체와의 계약은 국방부 지출의 58%인 4,210억불에 이르렀고 이 중 36%는 빅5 업체에 돌아갔다. 이는 1990년 19%에서 크게 증가한 것이다.

그러나 유럽 국가들이 원하는 것은 미국이 과거 30년간 진화시켜왔던 방위산업의 방향성과는 동떨어진 것이다. 유럽은 수천억 원대의 F-22급의 항공기나 줌월트 급의 스텔스 구축함을 필요로 하지 않는다. NATO가 규정한 적국인 러시아를 억지할 수 있는 수준의 저렴하면서도 실용적인 장비를 원하는 것이다. 그러면서도 NATO 장비와 호환되고 통신, 위치정보, 레이더 및 전자신호를 주고받을 수 있어야 한다.

이는 유럽 국가들의 방산장비는 NATO 회원국들 간에만 거래될 수 있다는 것을 의미한다. 한국이 NATO에 준 회원국으로 참여한다는 것은 바로 NATO 회원국들의 방산 시장에 본격 참여할 수 있다는 것을 의미한다. 한국의 방산 장비가 NATO의 그것들과 호환되고 전자정보를 주고 받을 수 있게 된다는 뜻이다. 최근 갑자기 증가한 중부유럽 국가들과의 방위산업 협력 움직임은 그런 점을 반영한 것이다.

4. 결론 – 준비된 자에게 오는 기회

기후변화 대응을 위해 원전의 불가피성이 강조되었고 특히 우크라이나 전쟁 이후 러시아 가스 의존도를 줄이기 위한 현실적 대안으로 원전의 중요성이 크게 부각되고 있다. 그러나 미국은 쓰리마일 이후, 프랑스는 후쿠시마 이후 신형 원전 건설을 기피해 왔다. 그 결과 미국 웨스팅하우스와 프랑스 EDF는 발주처로부터 시공능력에서 신뢰를 잃었고 유럽 시장은 러시아와 중국의 무대가 되어가고 있었다.

그러나 러시아의 침공 이후 핀란드, 불가리아, 체코, 폴란드는 러시아 로자톰과의 계약을 즉각 배제하였고, 영국도 중국 CGN과의 추가 계약은 없을 것이라고 못박았다. 영국을 포함한 유럽은 앞으로 최소 30기가 넘는 원자로를 건설하여야 한다.

유럽 최대의 원전 시장인 영국은 프랑스 원자로를 도입하고 있지만 영불관계의 속성상 프랑스를 견제할 수밖에 없다. 영국의 현실적 대안은 한국뿐이다. 프랑스 EDF의 시공능력 부족을 우려하는 NATO 회원국들도 한국을 유력한 대안으로 검토할 것이다. 한국 원전산업의 르네상스가 눈앞에 다가왔다.

또한, 1991년 냉전 종식 이후 유럽은 평화배당금을 만끽해 왔다. 반면 한국은 냉전의 마지막 보루로서 북핵과 주변 강대국들의 위협에 시달리며 GDP의 약 4%에 해당하는 거액의 방위비를 지출해 왔고, 이 중 상당 부분은 독자적인 방산 역량을 구축하는데 집중했다. 세계 추세와 역행하는 외로움 속에 한국 방산업체들은 수요부족과 예산부족에 시달렸고 '오직 수출'만을 외치며 외국 국방부 청사를 순례했다. 방산기술 선진국들의 비협조 아래 기술 자립을 위해 과거의 적국과 동침도 마다 않는 선택을 해야 했다.

극동의 변두리에서 일삼는 부질없는 짓으로만 보였던 30년간의 노고는 이제야 비로소 보답을 받게 되었다. 한국이 NATO 준 회원국으로서 대우받는다는 것은 스웨덴의 NATO 참여로 사브(Saab)가 누릴 혜택과 버금가는 기회가 될 것이다. 자동화에 한계가 있는 방산업 특성상 최저임금 7달러의 한국이 10~15달러에 이르는 유럽과 미국 대비 경쟁력이 있음은 불문가지다.

한국이 방산업에서 성가를 올리는 이유는 가격과 품질은 물론, 미래의 기술력도 고려된 것이다. 최근 200톤급 액화 3단 추진 로켓인 누리호 발사와 KF-21 초음속 항공기 개발로 한국은 항공우주 분야의 엘리트 국가 대열에 합류하였다. 이것은 상업위성과 더불어 군사위성을 운영할 능력을 갖추었다는 것을 의미하고 미래에 미국의 도움 없이 위성 신호와 통신체계를 구축하여 육해공 합동작전 능력을 갖출 수 있다는 것을 뜻한다. 이런 독자 기술력이 인정받아 한국이 NATO 준 회원국의 지위로까지 격상된 것이다.

1970년대 서구 사회를 덮친 스태그플레이션의 공포 속에 한국 경제는 오히려 중동 붐에 올라 타 세계 5위의 공업국으로 성장하였다. 30년간 지속된 글로벌라이제이션이 막을 내리고 이제 신냉전 시대가 개

막되었다. 앞으로 있을 거대한 경제 구조조정의 소용돌이 속에 '원전' 과 '방산'이 제2의 중동 붐과 같은 역할을 하길 기대해 본다.

III

경제 패러다임의 변화

1. 패권국가의 산업정책과 신용위험

패권국가의 산업정책과 신용위험 [1)]

최우석

미국 바이든 정부는 2022년에 인플레이션 감축법(Inflation Reduction Act)과, 반도체 과학법(Chips and Science Act)을 제정했다. 이 정책은 미국 국가차원에서의 안보위협에 대한 대응 및 친환경에너지산업 육성을 목적으로 하고 있다. 다만, 동 정책은 정부의 직접적 보조금 지급 및 세액공제 그리고 특정 국가 투자제한 등 전통적 보호무역주의 수단을 사용하고 있다. 이미, 이전 트럼프 정부에서도 대규모 관세부과를 통해 무역장벽을 높인 바 있다.

최근 미국이 패권유지 목적을 달성하기 위해 사용하고 있는 정책수단은 사실 산업화, 2차대전 및 냉전 시기에 사용하던 산업정책 수단의 재활용이라고 볼 수 있다. 또한, 이는 냉전종식 후 현재까지 자유주의 시장경제에서 공동의 규칙을 가지고 경쟁하자던 원칙의 파기라고도 볼 수 있다. 미국이 자국 이해 위주의 정책을 펴고 있으며 타국 및 다자간의 이해는 부차적일 뿐이다. 타국 정부들은 미국을 세계무역기구

---

1) 이 글은 2023년 4월 10일 게재된 글이다.

(WTO)에 제소할 수 있으나, 약화된 WTO를 통해 실질적 효과를 얻기는 어려운 상황이다.

이러한 상황에서 각국 정부는 자유주의 시장경제 당시의 정책을 지속 유지해야 할지 아니면 상응하는 보조금 경쟁에 참여하는 등 자국만의 산업정책을 가동해야 할지 결정해야 하는 상황이다. 희망이라면 패권경쟁국 외 국가들간에서라도 공평한 경쟁의 장이 펼쳐지길 바랄 뿐이다. 현재는 국가별로 상이한 산업정책 집행에 따른 세계적인 비효율이 예상됨에도 불구하고 각국은 자국산업의 우선 보호, 육성을 G2 국가간 패권경쟁 하에서의 생존 및 국내에서의 정치기반 유지를 위해 우선시하고 있다.

이와 같이 이제는 패권국가의 산업정책이 국내산업의 핵심 위험요소로 작용하고 있어 주요국 산업정책 변화에 대한 대응의 중요성이 매우 높아진 상황이다. 이에 패권국가 산업정책의 내용과 흐름 속에서 현재를 살펴볼 필요가 있다.

1. 근대 산업정책의 교과서 영국

영국에서 산업의 발전은 시장기능에 의해 자생적으로 발생한 것이라기 보다는 의도를 가진 정책이 시행착오를 통해 시장기능과 맞물리면서 이루어진 것이다. 영국의 산업정책은 대영제국에 이르는 기반이 되었으며 유럽열강들의 제국주의 확장 시, 그리고 미국 및 일본의 제국주의화에 이르기까지 교과서적으로 따르는 기본적인 정책을 틀로서 활용되었다.

관세를 통한 유치산업 보호, 기술도입을 통한 수입대체 : 영국은 13세기까지 목축국가에 불과했으나, 헨리 3세(1216~1272)가 모직물 제조가 발달해 있던 벨기에 북부의 직공들을 영국으로 이주시켜 기술을 익히기 시작했다. 이후 영국은 1275년에 양모 수출에 과세를 시작했으며 1330년에는 왕족을 제외한 자의 모직물 수입을 금했다. 이를 통한 모직물의 수입대체와 유치산업 보호로 모직물 산업을 성장시켜 14세기에 영국은 양모 수출국에서 모직물 수출국으로 변모하게 된다.

독점적 교역권리 부여하여 교섭력 및 경쟁력 확보 : 또한 영국은 모직물 수출을 소수의 상인들이 독점하게 하여 영국 내 양모의 가격은 낮추고 수출가격은 높을 수 있는 기반을 마련하였다. 그리고 이는 해외시장에서 이탈리아 등 기존 상인들과의 경쟁에서 유리한 환경에서 교역할 수 있게 했다. 대표적인 예가 영국 왕실로부터 폭 넓은 권리를 부여 받은 동인도회사이다.

상선보유 및 조선산업 육성으로 해운산업 도약 : 14세기까지 영국의 상선 보유 및 제조기술은 미약한 수준이었다. 그러나, 리차드 2세 때인 1381년 항해법 입법으로 영국소유의 배 또는 영국에서 만들어진 배만으로 영국과의 교역을 가능하게 하여 조선산업이 성장할 수 있는 계기를 만들었다. 또한 헨리 5세는 제노바의 대형선을 모방하며 조선기술을 향상시켜 대형선 3척 건조에 성공하게 된다. 이를 통해 본격화된 영국 선박건조는 16세기 신항로 항해와 신대륙 교역을 통한 해운강국의 기반이 되었다.

식민지의 제조업 금지와 교역독점을 통한 무역흑자 : 영국은 모직물법(Wollen Act, 1699), 모자법(Hat Act, 1732), 철강법(Iron Act, 1750) 등의 법을 통해서 식민지에서의 제조업을 금했다. 모직물법은 양모의 수출과 식민지에서의 모직물 생산을 제한했으며, 철강법은 식민지에서 영국으로의 선철 수입에 대해서는 관세를 면제하는 대신 식민지에서의 완제품 철강재 생산을 금했다. 럼주(rum) 생산도 영국에서만 가능하게 하는 등 다양한 제품에 대한 식민지법 적용을 통해 식민지는 원재료 제공, 영국은 제조업 기지로 작용하는 체계를 확립했으며, 이는 무역수지 흑자를 통한 영국의 대규모 자본축적으로 이어졌다.

삼각무역, 주식회사와 금융 : 17세기 중반 이후 영국의 대서양 교역은 영국이 아프리카로 면직물, 럼주, 총, 의류, 철강재, 사치재 등을 수출하고, 아프리카는 노예와 생선을 북미의 식민지로 수출하고, 북미의 식민지는 고래기름, 면화, 담배, 설탕, 목재 등을 수출하는 삼각무역의 형태를 갖추었는데, 이는 선박의 운항과 영국의 자본축적, 그리고 식민지의 역할분담에 있어 효율적이고 효과적이었다. 또한 합작회사 등 초기 주식회사 형태의 기업설립과 기업에 대한 식민지에서의 독점적 권리 및 군사력 허용 등의 제도가 있었으며 금융시스템 발전을 통한 저축의 집적(Pooling)이 가능해져 자본의 축적이 투자에 활용될 수 있는 기반을 갖추고 있었다.

산업혁명 : 위에서 언급된 영국의 산업정책이 자리를 잡아가던 중 18세기 중반 이후 증기기관의 발달로 촉발된 산업혁명은 영국에 추가적인 대규모 성장동력을 제공했다. 식민지 확보를 통한 교역 증대와 같이 이루어진 산업혁명으로 1760~1860년의 기간에 당시 세계 인구의 2%에 불과했던 영국의 전세계 산업생산에서의 비중은 1.9%에서 19.9%까지 성장했다.

2. 2차대전과 냉전에서 승리한 미국

영국 산업정책의 틀을 기반으로 고관세를 통해 자국산업을 보호, 육성하여 산업화를 이루어 낸 미국은 영국이 펼친 산업정책 이상의 새로운 대규모 산업정책을 시행했다. 대표적인 것으로는 '민주주의의 무기'라는 명분으로 루즈벨트 대통령이 2차 세계대전 참전 결정 후 집행한 것으로, 현대에 가장 성공적이었던 산업정책 중 하나로 평가된다.

이 산업정책은 추후 연계구축 산업정책(network building industrial policy)이라고도 불리운 것으로 5년 만에 미국의 생산량을 2배 가량 증가시켰다. 이는 기초과학 연구, 개발단계 연구, 응용단계 연구간 연결성을 높인 상호 독립적인 혁신 프로세스를 조직하고 이를 생산능력과 결부시킴으로써 가능했다. 이를 통해 미국의 제조산업은 생산성을 급격히 향상시켰으며 조직간 기술관리능력을 체계화했다.

전시 생산목표 달성을 위해 미국의 거의 모든 기업이 재정비되었는데 이는 하향식관리가 가능하게 한 정부기관의 역할과 상향식 동기부여가 가능하게 한 민간의 운용적 동인이 결부되며 가능했다. 과학연구개발청(OSRD: Office of Scientific Research and Development), 전쟁물자생산위원회(WPB: War Production Board), 인력개발원(MDC: Manpower Development Commission), 방산공장기업(DPC: Defense Plant Corporation)과 같은 기관들이 이와 같은 작업들을 주도했다.

실행의 주요 과제는 기업간 연계성을 높여 새로운 군수품 생산에 필요한 설계, 개발과 대량생산을 효과적으로 실행하는 것이었는데 이는 과학연구개발청이 담당했다. 이를 통해 개발, 생산된 것이 레이다, 페니실린, 합성고무 등이다. 보다 좋고, 싸고, 빠르게 생산하기 위한 기준의 확정과 생산목표 설정은 전쟁물자생산위원회와 인력개발원이 담당했다. 이 과정에 병목해소 및 기업별 부품 생산량 산출 등에 통계학과 수학이 동원되었다. 이를 통한 체계적 대규모 장비 조달과 인력 투입을 통해 D-Day에 프랑스 상륙작전에 성공할 수 있었다.

특히, 금융수단도 같이 동원되었는데 2차대전 전시에는 미국 정부가 은행산업의 역할까지 수행하며 전시 산업설비에 대한 지출의 2/3가 정부의 직접적인 지원을 통해 조달되었다. 방산공장기업은 대공황기 극복시기에 설립된 재건금융기업 (RFC: Reconstruction Finance Corporation)의 자회사로 1940년에 설립되었는데 이를 통해 방산공장에 대한 자금지원, 보유 그리고 공장설비의 민간에 대한 대여가 이루어졌다.

전쟁 중의 산업정책은 2차대전 이후에도 미국 정부와 산업간 관계를 구조적으로 변화시키는 효과를 가져왔다. 전후에 OSRD, WPB, DPC는 해체되었지만 그 역할은 국방부와 에너지지부가 맡게 되었는데, 특히 국방부는 정부기관, 산업계, 학계, 정부연구소, 민간기업을 연계시키면서 방대한 과학, 기술 기반을 형성하는 주요 기관으로 활동하게 된다. 핵폭탄을 개발한 맨하탄 프로젝트의 성공은 국방부가 과학분야 산업정책을 집행하는 데에 주축이 되는 명분이 되었다.

이와 같이 미국은 민간기업을 통해서는 불가능했을, 혁신적 기술을 개발하는 능력을 관리하는 데 있어서 타국의 추종이 불가능한 수준의 기관을 설립하게 된다. 특히, 소련의 스푸트니크위성 발사 이후 이에 대응하고자 1958년 설립한 국방고등연구개발기관(DARPA: Defense Advanced Research Project Agency)은 예를 들면, 인터넷, UNIX, GPS, 스텔스전투기, World Wide Web, 화상회의, 구글맵스, 윈도우OS 등의 개발에 주요한 영향을 미치게 된다.

또한 전쟁기간 중 다양한 산업과 기업을 관리하기 위해 개발된 계획, 조정, 회계 등의 능력은 국가적 산업계획 능력을 형성하는데 기여하게 된다. 전후에도 미국정부는 대규모 구매능력을 유지하며 항공기, 컴퓨터, 전자제품, 통신기기 등 산업의 연구개발과 발전을 이끌었다. 1960년대 전자산업 연구개발비의 85%는 연방정부가 지원했고, 1980년대까지 항공산업 생산의 2/3는 정부가 구매했다. 또한 정부의 고용정책은 상당부분 군비지출에 의지하는 모습이었다.

2차대전 중 그리고 냉전기간 중 세계에서 그 어느 국가도 민간부문의 정부과제 참여를 통해 미국수준의 과학기술 기반을 보유한 나라는 없었다. 이 기간 중 미국의 산업정책은 사실상 방위정책이었다. 이렇게 태동되고 강화된 군산복합체(military-industrial complex)는 미국만의 독특한 산업정책 방식이었다고 할 수 있다. 방위관련 정부의 연구개발은 방위산업뿐 아니라 새로운 제품 및 프로세스에 대한 아이디어를 제공하여 상업적으로도 활용되었으며, 결과적으로 학계, 산업계를 아우르며 캘리포니아, 매사추세스 등에서 세계를 선도하는 신기술 혁신의 클러스터가 생성되는 토대로 작용했다.

산업정책은 정치적 목적에 따라 자원을 배분하는 것으로, 민주주의 형평성 및 자유주의 시장논리와 다른 결정이 필요하기에 기본적으로 이해관계자간 논란이 수반된다. 이에 미국에서 대규모 산업정책 수행에는 정치적 명분이 필요했는데, 3개의 전쟁(2차대전, 한국전쟁, 베트남전쟁)은 그 구체적 명분이 되었다. 당시 군사적으로 필요한 기초과학 연구에 대한 정부의 지원은 시장주의자들도 반대할 수 없는 강력한 명분이었기 때문이다.

3. 계획경제 실패 후 시장자유화로 성장한 중국

현대 들어 중국의 경제개혁 계획은 1978년 3차 공산당 전당대회에서 시작되었다. 이 계획은 중화학산업 위주의 정책으로 철강 및 화학산업을 먼저 발전시켜 농업부문에 기계, 비료, 농약을 제공함으로써 산업을 발전시키겠다는 정책이었다. 여기에는 해외의 산업설비를 수입하고 그 대가로 원자재를 수출하는 것을 주요 계획으로 포함하고 있었다. 그러나, 당시 중국의 산업정책은 채취한 자원을 중공업에 투입하는 강제징집의 형태를 띄었고 수입설비를 가져 놓는다고 바뀌는 건 없었다. 이 계획은 설비 수입부터 애로를 겪으며 실패하였다.

이후 중국은 계획경제 내에서 시장경제 활성화에 중점을 두게 된다. 5년단위 경제개발계획(6차(1981-1985), 7차(1986-1990), 8차(1991-1995))은 지속되었는데, 과거와 다른 점은 무리한 계획을 통한 개발을 하지 않고 수요와 공급을 고려하기 시작했다는 것이다. 시장경제의 부분적 활성화를 통해 경제성장은 이루어졌지만 거시경제적 관리가 없었던 정부의 계획은 번번히 실패했다. 또한, 계획은 일관적이지 않았고 예측이 어려운 중앙정부의 행태에 영향을 받았다. 결국 1990년대 중반에는 5개년 개발계획이 여러 차례 중도에 중단되기도 했다.

그 결과 이어진 9차(1995-2000), 10차(2001-2005) 5개년 경제개발 계획은 그 내용이 간략했고, 경제성장률 발표는 회피되었으며, 국가의 주요한 과제를 천명하는 형태의 모호한 방침으로 구성되기에 이르렀다. 결국 중국의 계획경제는 전반적으로는 실패했고, 폐기되어 이름만 남은 형태로 존재하게 된다. 특히, 시장경제 활성화의 영향은 매우 커서 정책당국은 그러한 변화를 따라가는 것도 힘겨워했으며, 그들의 의지와 상관없이 나타나는 결과도 예측하지 못했다. 결국 정책당국의 역할을 상실하는 수준에까지 이르게 된다.

중국정부의 계획을 통한 경제개입이 최소였던 시기는 1998년~2003년의 주룽지 총리 시절이었다. 주룽지 총리는 1998년 대부분의 산업정책 부서를 폐지했으며, 이를 연구기관으로 전환시켰다. 한편, 구체적인 결과를 목표로 추진하던 대규모 기술정책 과제 또한 2003년에 이르러서는 대부분 중단되었다. 대신 중국의 기술정책은 우선과제에 대해 민간 및 해외자본 유치를 통해 기술을 도입하고 육성하는 방향으로 선회되었다. 주룽지 총리는 국가단위의 산업정책, 기술정책 보다는 시장경제 도입을 통한 산업육성에 더 중점을 두었다.

1978년 이후 2000년 초까지 중국경제의 성장을 이끈 것은 계획경제와 산업정책이 아니라 시장경제의 도입과 활성화였다. 시장경제 도입효과의 시작은 정부조달 할당량의 완화와 농민에게 토지사용을 개별적으로 허락하기 시작한 1979년부터 1983년 사이의 농업경제 부문이었다. 농민들은 정부할당량에 구속을 덜 받으며 무엇을, 언제 경작할지 결정할 수 있었다. 그 결과 중국은 과거 20년간 이어진 식량부족의 시대에서 바로 잉여농산물 생산시대로 전환되었으며, 이는 이후 경제발전을 지속할 수 있는 초석으로 작용했다.

다음으로 시장경제 도입의 효과가 나타난 부분은 노동집약적 제조업이었다. 잉여 농산물의 생산은 농민들의 노동력을 농업 외 부문에 투하하며 사업을 할 수 있는 기초가 되었으며 그 결과 지방에서 노동집약적인 제조업이 발전하게 된다. 이러한 자생적인 지방기업이 생산하는 다양한 소비재는 공산주의 계획경제의 정부독점 기업이 생산하던 소비재를 대체하며 성장하기 시작했고, 단순 제조뿐 아니라, 소매, 서비스, 외식, 소규모 산업재까지 생산하기 시작했다. 이로써 1983년 이후 1993년까지 중국 도시들의 기능이 크게 활성화되었다.

한편, 1990년대에 시작하여 2005~2010년 기간 중에 본격화된 변화는 도시와 지방의 장벽을 제거해서 2억명에 달하는 이주민들이 도시지역으로 이주하며 대규모 노동력을 제공하며 나타났다. 특히, 1998년에는 도시지역 주택공급 부문을 민간에 개방하며 또 한번의 성장동력이 발생하게 된다. 도시지역 주택공급 민간개방은 당시 국영기업에 대한 구조조정의 부산물로, 국영기업에 대한 구조조정은 진행하되 노동자의 주거는 해결하기 위한 방안으로 진행되었다. 주택공급에서의 민간부문 역할 본격화로 주택호황이 시작되었으며 거래 가능한, 가치가 상승하는 부동산은 투기까지 수반되며 2003년 이후 호황은 더욱 속도를 받았다.

중국경제 성장의 마지막 단추는 2001년에 WTO에 가입한 것이었다. WTO 가입 시 중국 내부에서 세계경제와의 통합에 따른 구조조정 또는 부작용에 대한 공포감까지 있었지만, WTO 가입으로 중국은 수출을 통한 성장이 가능해졌다. WTO에 가입한 효과가 본격화된 2004년부터 2007년 동한 중국의 수출은 매년 30% 이상 성장하였다. 해외로부터의 직접투자가 증가했으며, 세계경제와 경쟁하기 위해 효율성이 높아졌고 세계 제조업 공급망에서의 역할은 확대되었다.

2005년에 이르자 중국의 경제발전은 세계적으로, 역사적으로도 성공적인 사례가 되었다. 중요한 점은 그 과정에서 산업정책과 계획이 한

역할은 거의 없다는 것이다.

그러나, 중국의 산업정책은 2006년에 다시 부활하며 본격화된다.

중국은 2006년에 향후 15년간의 중장기 과학기술발전계획을 수립했는데 이 계획은 자력혁신에 중점을 두었다. 또한 이 계획은 2008년 금융위기 시 경기부양을 위한 정책의 일환으로 대규모로 집행되며 그 속도를 높였다. 2006년 재개된 산업정책은 단계적으로 진행되었는데 상향, 하향접근이 동시에 이루어졌다. 정책당국은 개별 기술, 산업에 집중을 한다기보다는 혁신환경을 제공하는 데에 집중했다. 또한, 혁신의 중심을 기업으로 하여 동기부여를 하되 정부 부처는 다양한 형태로 지원하였다. 지원의 형태는 정부의 직접 자금지원, 보조금, 저리의 대출금, 세금공제 등의 형태를 망라했다.

그 대표적인 예가 16개 대형사업인데 이들 사업에는 정부가 자금을 제공했으며 산업정책적 목표가 있었다. 이 대형사업들은 경제적, 사회적 영향이 크고, 혁신이 요구되거나, 애로가 크거나, 미래가 유망한 부문의 역량을 높이는 데 있어 중요성을 가진 것들이었다. 16개 대형사업은 차세대통신, 핵심전자부품, 정밀공작기계, 원자력발전, 신약개발, 정밀정찰위성, 위성항법체계, 유인우주선, 대형여객기 등으로 민간, 군 부문의 필요를 망라하는 핵심역량 개발이 목적이었다.

이러한 노력은 2010년에 신성장산업정책의 형태로 진화했으며, 2010년 이후 중국은 다양한 산업에 걸친 총체적 산업정책에 집중하게 된다. 이로써 중국 산업정책의 방향은 1990년대 이후 이어져 온 주룽지 총리의 시장경제 위주의 정책에서 변환의 시기를 맞이하게 된다.

신성장산업정책은 기업활동이 촉진될 수 있는 우호적인 시장환경을 조성하는데 초점이 맞춰졌다. 대형사업정책은 기술개발 및 혁신이 중점과제였다면 신성장산업정책은 경제발전의 촉진이 중점과제였다. 이는 신성장산업 5개년(2011-2015) 계획으로 발전한다. 이 계획에는 정밀기계, 바이오테크, 전기차 산업 등이 포함되었다. 신성장산업 계획과 이를 반영한 12차 5개년 계획의 발표와 실행은 2000년대 초 폐기되다시피 한 중국 산업정책의 부활을 의미했다.

2010년 중국공산당에서 승인된 신성장산업정책은 하위부처에 하달되어 정부 주요 금융기관, 규제기관 및 중앙 및 지방정부가 공동출자, 주식 및 채권발행, 대출지원, 투자유치 등의 역할을 했다. 20여개의 산업이 망라된 동 계획 집행에 있어 정부의 예산은 전체 자금의 5~15%를 구성했을 뿐으로, 16개 대형사업 추진 시 대부분의 자금조달을 정부가 담당했던 것과는 다른 모습을 보였다. 2011년 이후 2013년까지 정부기관 등을 통해 구체적으로 총 439개의 다양한 신성장산업정책이 집행되었는데, 이 때에는 지방정부가 실행의 중점적 역할을 수행했다.

대형사업 및 신성장사업 추진을 통해 중국은 시장경제 활성화를 통한 경제발전과 정부의 직접적인 개입을 복원하는 데 성공했다. 이제 중국은 시장경제뿐 아니라 산업정책이 시장경제의 성장을 보완할 수 있다고 확신을 갖게 되었다. 결국 중국의 산업정책은 시장경제 활성화에서 구체적 정책의 수행 또는 개입으로 다시 한번 방향을 바꾸게 된다.

자신감을 얻은 중국은 2015-2016년에 새로운 정책을 발표한다. 2015년에 발표된 중국제조 2025 계획과 인터넷플러스 계획, 그리고 2016년 발표된 전략신흥산업계획이 그 주요 내용이다. 기존의 산업정책은 모방과 복제 등을 통해 선진국의 산업을 추격하기 위한 산업정책으로 일본과 한국의 모델을 따르는 형태였다면, 전략신흥산업계획으로 대표되는 2015년 이후 발표된 산업정책은 5G, 빅데이타, AI 등 신생 산업에 대한 것으로 자력혁신으로 선도적인 입지를 확보하기 위해 중국이 새롭게 개척하는 정책이라는 점에서 기존의 정책과 달랐다.

전략신흥산업계획은 중국정부와 공산당이 공동으로 추진한 계획으로, 1단계는 2020년까지 혁신국가의 위상을 확보하고 2030년까지 혁신을 통해 성장하는 선도국가의 위상을 확보하고, 2050년까지는 과학기술 초강대국의 지위에 오르겠다는 목표를 밝히고 있다. 중국정부는 정부기관을 통한 출자, 연구개발 세제혜택, 규제완화, 단기적 시장보호 등의 정책과 더불어 정부산업지원펀드의 형태로 2006년부터 자금지원을 했는데, 동 펀드의 규모는 2015년부터 크게 증가하기 시작해서 2020년에는 중국 GDP의 11% 수준에 이르렀다. 이는 2016년 이후 중국의 산업정책은 그 규모에 있어 기존의 산업정책을 압도함을 의미한다.

중국은 정부가 조종하고 시장경제로 운용되는 경제를, 그래서 정치적 목적을 달성하지만 효율성도 유지하는 경제를 천명하고 있다. 그 과정에서 정부는 조성한 펀드로 직접투자하기도 하고, 중앙정부, 지방정부 또는 중앙공기업, 지방공기업을 통해서 투자 또는 보증을 제공하기도 하며, 부분적 또는 전적으로 민간자본 유치를 통해서 진행하거나, 민간부분에 인센티브 제공 또는 보조금을 지급하거나 하는 다양한 수단을 동원하고 있는데, 이는 정부가 투자 및 정책 등에 다양한 채널을 통해서 직간접적으로 관여한다는 점에서 일본이나 한국에서 펼쳤던, 승자위주의 대기업 육성 위주의 정책과는 다른 점이다. 또한 산업정책의 목적을 달성하는 방법도 해외기업의 인수, 해외인력의 유치 등 광범위한 수단이 활용되기에 이른다.

4. 부가가치 사슬에서 다시 중요해진 제조업

산업정책은 제조업 육성과 유사어로 혼용될 정도로 제조업과 밀접한 연관이 있다. 제조업은 국가의 성장에 있어 핵심적인데 이는 제조업 생산성 향상은 타 부문보다 현저하게 빠르게 나타날 수 있기 때문이다. 그리고 제조업의 성장은 높은 연관효과 등으로 다른 산업의 성장으로 이어질 기반을 제공한다. 결국 제조업의 성장은 제조업과 비제조업의 동반 성장을 견인하여 국가의 총생산을 증대시킬 수 있다.

구체적으로는, 산업화가 진행되며 제조업 내 노동생산성이 증가하고 전체적인 생산성과 임금수준을 높일 수 있으며, 제조업을 통해 생산된 설비를 이용하여 서비스산업, 농업 등 타 산업의 생산성을 높일 수 있다. 또한 산업화는 관리직 또는 생산직의 기술수준을 높여 비제조업의 생산성 향상에 기여할 수 있다. 선진국에 이르더라도 제조업은 지속적인 혁신의 주요 기반이 되며, 그에 따라 서비스산업과 고용전반에 긍정적 효과를 지속적으로 유지한다.

한편, 서비스가격은 경제성장이 고도화될수록 상승하는 반면, 제조업에서의 빠른 생산성 향상과 그에 따른 공산품 단위가격 하락, 그리고 공산품 교역의 용이성 등으로 선진국에 이를수록 국가전체 생산과 고용에 있어 제조업 비중이 낮아지는 결과를 보인다. 물론 제조업에서의 성장이 고도화되기 전에 제조업 내에서의 생산성 향상이 정체되거나, 연관효과에 따른 타 산업의 생산성 증가 또는 생산량 증가로 이어지지 못하면서 선진국에 이르기도 전에 제조업 비중이 감소하는 '중진국 함정'에 빠지는 경우도 있다. 다만, '중진국 함정'을 극복하며 선진국에 이르기까지 제조업이 필수적이라는 데에는 큰 이견이 없다.

국가별로 발전 단계가 다르고 산업환경이 다르긴 하지만 선진국에 있어 어떤 수준이 적정한 제조업 비중인지에 대한 논란이 있으며, 특히 제조업에서의 고용이 현저히 감소한 지역에서 제조업 부활을 통한 고용창출이 정치적 이슈가 되며 탈산업화가 바람직한 것인가에 대한 다양한 논의가 있어 왔다. 이런 논의의 과정에 자주 등장하는 것이 '스마일 커브'이다. 모든 제조업이 양호한 이익을 내며 자본을 원활하게 축적하는 것은 아닌데, 예를 들면 하도급업체나 기술적 차별화 또는 독점적 교섭력이 없는 제조기업의 경우 한계수준의 이익만을 내며 임금상승이나 생산성 향상에 한계를 보일 수 있다.

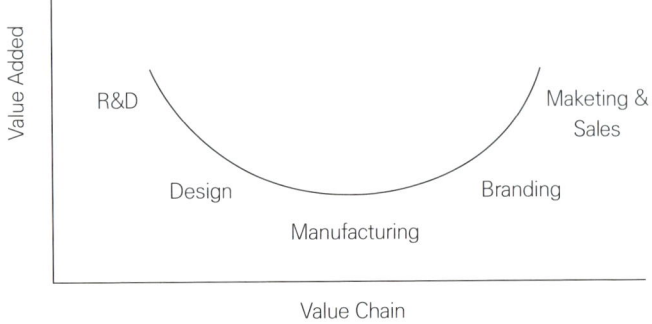

The Smile Curve

스마일커브는 제품 개발, 디자인, 제조, 브랜딩, 마케팅, 유통 등의 과정에 따라 부가가치 변화되는 것을 표현하는 그래프인데, 제3자가 발명, 개발, 디자인하고 판매, 유통하는 제품을 생산하는 차별화되지 않은 제조업은 단순 조립업에 불과해 매우 낮은 부가가치만 창출될 수 있다는 점을 강조하고 있다. 반면, 부가가치 대부분은 개발, 디자인, 브랜딩, 유통이 획득할 수 있는 점도 설명하고 있다.

산업화 초기에는 단순 조립업에 불과한 수준의 제조업도 고용 및 산업발전에 도움이 될 수 있기 때문에 낮은 이익수준에도 불구하고 낮은 인건비 등을 통해 이를 극복하며 제조업을 영위한다. 물론 낮은 기술 수준의 제조업도 한계수준이긴 하지만 이익을 창출하며 자본을 축적할 수 있고, 스마일 커브 상의 앞뒤에 있는 디자인, 브랜딩 또는 연구개발, 마케팅 등 높은 부가가치 창출 프로세스로 진입할 수 있는 초석이 될 수 있다는 점에서 의미가 있다.

이러한 스마일 커브의 관점에서 살펴보면 미국은 중국에 저부가 제조업을 넘기고 고부가가치 영역인 개발 및 마케팅 등에 집중해 온 모양이다. 그러나, TSMC의 사례에서 드러나듯이 하도급 제조업이 제조기술의 고도화로 교섭력을 높이고, 부가가치를 높이 수도 있다는 점은 간과되어 온 측면이다.

특히, 트럼프 대선 당시 미국 내 제조업 벨트의 정치적 지지에 따라 미국 내 제조업 강화에 대한 요구가 이슈화되었으며, 이와 같은 정치적 요구는 바이든 정부까지 이어지고 있다. 또한, 2020년대 들어 코로나로 인한 공급망 애로 발생으로 미국 내 제조업의 상대적인 취약성이 표면화되었다. 여기에 더해, 중국과의 패권경쟁 필요성에 따라 핵심산업 및 미래산업 육성의 필요성이 증대되었다.

패권경쟁에서 승기를 잡아야 하는 미국정부는 선별한 주요 산업에 있어 제조비중도 높이려 하고 있다. 특히 첨단기술 경쟁에 있어 핵심적인 반도체 산업과 미래성장에 있어 중요한 전기차, 배터리, 태양광 산업에 있어서는 자국 내 제조 비중을 높여 패권경쟁, 경제성장 및 고용창출 모두에서의 긍정적 효과를 기대하고 있다. 주목할 점은 이러한 목적에 따른 정책을 입안하고 집행함에 있어 이제는 다국간의 합의 또는 양자간의 협의를 통한 자유주의 시장경제 기준에 의한 것이 아니라, 자국 개별 산업의 발전을 위한 전통적인 보호, 육성의 수단을 통원하고 있다는 것이다.

5. 패권경쟁국의 산업정책 앞에 선 한국기업

미국은 1987년에 SEMATECH(Semiconductor Manufacturing Technology)이라는 비영리 연구개발기관(consortium)을 텍사스 오스틴에 설립했다. 이는 반도체 제조에 있어 일본기업 대비 경쟁력을 상실하고 있는 미국기업의 경쟁력을 회복시키기 위한 것으로 정부와 민간이 공동으로 참여했다. 구체적으로는, 국방고등연구개발기관(DARPA: Defense Advanced Research Project Agency)과 14개 미국 반도체기업들이 참여하였으며 공동으로 반도체 공정기술 등을 개발했다. 당시 업계를 선도하던 일본 반도체장비 기업들은 최신장비를 자국 반도체기업에게 테스트 명분으로 6개월 이상 먼저 제공하여 일본 반도체기업이 미국 반도체기업 대비 경쟁우위를 확보할 수 있게 하고 있었다.

DARPA는 SEMATECH에 설립 초기에 매년 100 million USD를 지원했으며 14개 반도체기업들에게도 상응하는 규모의 지원을 했다. 또한 텍사스 주정부도 62 million USD의 금액을 지원했다. 이와 같은 지원을 통해 SEMATECH은 lithography, etching, chemical mechanical polishing 등의 기술을 개발하거나 고도화했으며 미국 반도체기업들은 연구개발비 절감과 연구성과 공유를 할 수 있었다. 1985년 이후 본격화된 미국기업들의 일본기업들에 대한 반덤핑 소송 및 미일 반도체협정 등을 통한 통상압박과 더불어 SEMATECH을 통한 기술적 지원을 통해 미국기업들은 일본기업들이 수직계열화를 통해 경쟁력을 확보한 시장에서 새로운 기술로 다시 세계시장 선두에 설 수 있었다. 이후 SEMATECH을 통해 기술경쟁력을 확보한 미국기업들은 보다 더 수익성이 좋은 chip design과 microprocessors에 역량을 집중하며, 수익성이 낮은 메모리반도체 등의 제조는 일본, 한국, 대만에 하청주거나 넘기게 된다.

2차대전과 냉전시기에 국가 전체적 역량을 동원해 본 경험과 이후 반도체산업 등 개별적인 핵심산업에 대해 집요한 정책을 집행한 경험이 있는 미국이 2022년 반도체 과학법(Chips and Science Act)과 인플레이션 감축법(Inflation Reduction Act) 입법을 통해 첨단산업인 반도체 산업과 미래산업인 전기차 산업에서 중국을 견제하고 자국의 기술경쟁력을 유지하며, 제조기반까지 확보하려 하고 있다.

현재 한국의 주요산업이라 할 수 있는 반도체 및 배터리 산업에 있어 미국의 이와 같은 적극적 산업정책은 주요한 위협요소로 작용할 수 있다. 물론 산업별로 중국의 기술적 추격을 늦추고 미국의 시장을 취할 수 있는 기회의 요소도 있다. 그러나, 미국 정부의 의도를 감안할 때 국내 기업이 해당 산업에서 궁극적으로 경쟁력을 유지할 수 있을지, 그리고 보유기술과 투자부담에 상응하는 수준의 이익을 창출할 수 있을지 의문스럽다. 특히, 미국의 추가적인 정책입안 등 정치적 동인에 따른 산업환경의 가변성은 매우 커졌다고 볼 수 있다.

이와 같은 미국의 산업정책 강화는 2015년 이후 본격화된 중국의 대규모 산업정책에 대응하기 위한 측면이 크다. 중국이 국가차원에서 대규모 산업정책을 지속 집행하고 있음을 감안할 때, 미국 산업정책의 추가적 강화와 유럽의 그에 상응하는 대응은 앞으로 계속될 것으로 예상된다.

이제는 한국 주요산업의 가장 큰 변동성 요인이며 개별 기업에 있어서 핵심 위험요인으로 작용하고 있는 미국의 산업정책과, 그에 상응하는 중국, 유럽 등 주요국의 산업정책에 대한 대응이 그 어느 때 보다 중요해졌다.

참고 문헌

Murat A. Yulek. 2020. How Nations Succeed. Manufacturing, Trade, Industrial Policy, and Economic Development. Palgrave Macmillan

Oqubay, Cramer, Chang and Kozul Wright. 2020. The Oxford Handbook of Industrial Policy. Oxford University Press

Barry Naughton. 2021. The Rise of China's Industrial Policy 1978 to 2020. Universidad Nacional Autonoma de Mexico

Gary Clyde Hufbauer and Euijin Jung. 2021. Scoring 50 Years of US Industrial Policy 1970-2020. Peterson Institute For International Economics

2. 체제경쟁의 단계로 진입하는 미·중 패권경쟁

체제경쟁의 단계로 진입하는 미·중 패권경쟁[1]

김명수

1. 중동 화해의 중재자, 중국(?)

 지난 3월 10일 베이징의 중재로 사우디아라비아와 이란이 외교관계를 회복하기로 했다는 소식은 1971년 7월 리처드 닉슨 미국 대통령이 베이징을 방문하겠다고 예고한 이른바 '닉슨 쇼크'만큼이나 충격적이다. 닉슨·키신저 팀이 공산중국의 개혁개방을 도움으로써 소련경제를 고립화시키고 더 나아가 소련을 붕괴로 이끈 단초를 열었다는 것은 널리 알려진 사실이다. 친미의 사우디아라비아와 반미의 이란이 중국의 중재로 수교한다는 것은 앞으로 중동정치를 넘어 세계정치에도 큰 파란을 예고한다.

 미국은 셰일가스로 에너지독립을 이룬 이후 복잡하기 그지없는 중동에서 이제 그만 손을 떼고 싶어한다. 미국이 떠날 때 생길 힘의 공백을 메우고 기존 지역 동맹국들의 안전보장을 위해 트럼프 연간에 미국

---

[1] 이 글은 2023년 3월 20일 게재된 글이다.

은 중동에 NATO와 비슷한 집단안보기구를 구상했으니 그것이 2020년 9월 체결된 '아브라함 협정(Abraham Accord)'이다. NATO가 러시아를 가상적국으로 한 유럽 국가들의 집단안전보장책이라면 아브라함 협정은 이란을 가상적국으로 한 중동 국가들의 공동방위체다. 이스라엘과 UAE가 역사적 수교를 하였고 여기에 모로코, 이집트, 수단 등이 화답하고 사우디도 참여를 고려함으로써 '반 이란' 전선을 형성하기 위한 수니파 아랍국가들과 유대국가 간의 기이한 연합이 가능해졌다.

미국의 '아브라함 협정' 구상을 깨고 나온 것이 이란과 사우디의 외교관계 회복이다. 트럼프의 정책이긴 하지만 이로써 '아브라함 협정'은 무효화된 것이나 마찬가지가 되었다. 이슬람 세계에서 수니와 시아의 알력은 마치 중세 기독교 세계에서 로마 카톨릭과 동방정교회 사이의 분쟁과 같은 것으로 서로는 서로를 이슬람으로 인정하지 않고 박멸시켜야 할 이단으로 본다. 중국은 탁월한 외교력을 발휘하여 불구대천의 원수 사이를 중재한 것이 된다. 과연 시중의 평가대로 중국은 세계 최대의 석유 수입국이라는 경제력을 바탕으로 사우디와 이란을 움직여 복잡다단한 중동 지정학의 주역으로 떠오른 것인가?

안보는 경제보다 상위의 국가 목표로서 안보를 위해 경제를 희생시킬 수는 있지만 그 역은 불가능하다. 경제는 이익의 영역이고 안보는 생존의 영역으로 둘은 차원(dimension)이 다른 국가목표다. 따라서 중국의 경제력이 사우디와 이란의 외교 교섭을 가능하게 했다는 해석은 어불성설이다. 중동 지정학 구도에서 중국의 중재가 가능한 이유는 무엇인가? 중동의 숙적 사우디와 이란에게도 동병상련의 고민이 있으니 이제 그것을 알아보자.

2. 해묵은 국가체제 논쟁

(1) 현대 국가체제 경쟁의 시작

아다시피 국가체제 논쟁은 냉전기(1945~1991)의 산물이다. 칼 마르크스가 이른바 과학적 사회주의 이론에서 예언한 것과 달리 고도로 발달한 자본주의 국가들은 대공황 이후 사회주의로 이행하지 않았다. 오히려 가장 후진적이던 러시아와 중국에서 공산혁명이 일어났고 이들 국가는 사회주의 국가체제를 도입한 후에야 비로소 도시화와 공업화가 시작되었다.

스탈린의 소련은 1917년 혁명 이후 농업을 희생시키고 경공업을 건너뛰고 중공업 육성으로 직행하여 약 20년 후에는 세계 선두권의 공업 국가로 도약할 수 있었다. 소련은 2차대전 당시 최선진국이었던 독일에 맞서 싸울 수 있는 유일한 유럽 국가였고 그것도 거의 혼자서 싸워 승전국이 되었다. 세계의 정치·경제 엘리트들과 지식인들은 소련의 국가체제의 성취에 대해 경탄하였고 자국에 소련식 체제의 도입에 대해 심각히 고민하기 시작했다.

2차대전 직후 미국은 제국주의의 해체, 식민지 해방을 추진하며 신생국들에게 미국식 자유민주주의와 시장경제를 도입하였다. 하지만 허약한 신생국가들에게 자유민주주의는 곧 사회혼란을 의미했고 자유방

임형 시장경제란 곧 무능한 정부와 동의어였다.

일부 후발 국가들에게 소련식 국가발전모델은 강력한 유혹이었다. 소련식 모델은 자유가 제약 당하지만 정치·사회 혼란이 없어 보였고 중앙집중식 계획경제는 국가의 자원을 총동원하여 빠른 발전을 가능케 할 것으로 여겨졌다. 대중들은 공산주의의 '평등'이 줄 매력에 끌렸고 엘리트들은 소련 모델이 급속한 '발전'을 가능케 할 것으로 기대했다. 많은 신생 국가들이 자의로 타의로 자유민주주의·시장경제와 사회주의·계획경제체제를 도입해 본격적인 국가체제 경쟁이 시작되었다.

(2) 진군하는 명령경제

시장경제에서 생산과 소비는 가격이 주는 신호에 따라 이루어진다. 가격이 오르면 생산증가/소비감소가 일어나고 가격이 내리면 생산감소/소비증가가 일어난다. 사회주의 계획경제에 대한 주류 경제학자들의 초기 비판은 가격메커니즘이 제거되면 '누가 무엇을 언제 얼마나 생산해야 하는지'를 계획하고 명령해야 하는데 그것이 과연 가능하냐는 것이었다. 이른바 "사회주의 계산논쟁"으로 명명된 이 논변은 수 천만의 인구가 수 십만 개 제품들을 어떻게 생산해야 하는지 중앙정부가 일률적으로 계획·계산하여 명령하면 엄청난 비효율이 발생할 것이라는 상식적 견해에서 출발하였다.

그러나 명령경제의 소련이 2차대전을 감당해 내고 종전 후에도 경제성장을 거듭하자 생각이 달라졌다. 소련 대학에서 경제학을 공부하고 미국으로 건너온 바실리 레온티에프(1905~1999)에 의해 산업연관표가 작성되었고(1936년) 컴퓨터가 수 십만 개의 행렬표를 계산해낼 수 있게 되자 힘들고 짜증나는 그 '계산'이 가능해졌다. 컴퓨터는 개발 초기 단어 그대로 compute(계산)하는 기기였다.

1960년대 들어 자유시장경제 국가들도 이른바 '수정자본주의' 기치 아래 수학과 통계학으로 무장한 경제학자들을 대거 고용하여 경제성장계획을 세우고 국가 자원을 동원하는 일이 다반사로 이루어졌다. 이제 사회주의나 자본주의나 범위의 차이만 있을 뿐, 계획하고 동원하기는 마찬가지니 이른바 "계산논쟁"은 더 이상 의미가 없었다.

오히려 소련 체제가 더 앞서 있음이 과학기술 분야에서 증명되는 듯했다. 1947년 소련이 선보인 미그-15기는 미국 전투기보다 성능이 뛰어났고, 핵무기 개발경쟁에서도 소련은 뒤지지 않았으며, 세계 최초로 인공위성을 쏘아 올린 나라도 소련이었다(1957년 스푸트니크 쇼크). 미그기는 순진한 영국 노동당 정부가 군사기술로 전용하지 않는다는 스탈린의 약속을 믿고 제공한 제트엔진 기술에 기반하였고 핵무기 개발도 첩보전이 이룬 개가였다. 인공위성을 쏘아 올린 것도 베를린에서 납치한 독일 과학자들이었다. 특정 프로젝트에 국가자원을 총동원해 얻어낸 성과였지만 어찌되었던 간에 소련은 미국과의 과학기술 경쟁에서도 우위에 서는 듯 보였다.

1970년대 고유가 쇼크로 서구 경제가 신음하는 사이 석유 수출국인 소련 경제는 대 호황을 누리며 미국의 70% 수준까지 커졌다. 이제 소련이 미국 경제를 따라잡는 것은 시간문제였고 당시 미국 경제학계의 신성이던 하버드 대학의 폴 사무엘슨 교수는 1980년대 중반이 되면 미-소 경제력이 역전될 것이라는 우울한 전망을 내놓았다. 20세기 초 유럽에서 가장 후진적이었던 러시아가 소련 체제 도입 후 단 두 세대 만에 세계 최강국 미국을 앞설지 모른다는 소식은 당대 정치·경제 엘리트들에게 충격이었다. 1970년대 전 세계에 사회주의 광풍이 몰아쳤다.

(3) 가격 메커니즘과 지식의 문제

소련 국가체제의 문제점은 1980년대 중반 들어 경공업과 소비재에서 터져 나왔다. 군사기술과 중공업에 집중한 소련 경제는 시민들에게 정작 필요한 소비재를 생산하지 못했다. 소련은 유럽에 석유를 주고 물물교환 방식으로 소비재를 대량으로 수입하였다. 저유가로 유럽으로부터의 소비재 수입량이 줄어들자 모스크바 슈퍼마켓의 매대는 텅텅 비어갔다. 소련 경제는 질 좋은 연필과 공책을 아이들에게 공급하지 못했고 1985년 취임한 고르바초프 서기장은 인공위성을 쏘아 올리는 나라에서 여성용 스타킹 하나 제대로 만들지 못하는 현실에 한탄했다.

가격 메커니즘은 단순히 수요와 공급을 조절하는 기능만 가진 것이 아니었다. 1988년 프리드리히 하이에크는 『치명적 자만』에서 가격 메커니즘이 한 사회의 지식을 총동원 해내는 프로세스임을 지적하였다.

여기 완전경쟁 시장에 1달러짜리 연필이 공급되고 있다. A란 자가 우연히 읽은 책에서 얻은 지식으로 그 연필을 90센트에 생산할 수 있게 되었다. 이제 A는 초과 이윤을 누리게 되고 소비자는 10센트를 절약할 수 있게 된다. '숨겨진 지식'이 생산과정에 동원된 것이다.

절치부심한 다른 생산자 B가 밤을 새워 새로운 공법을 발명하여 80센트에 연필을 생산할 수 있게 되었다. 이제 A를 대신해 B가 초과이윤을 누리게 되고 소비자는 20센트를 절약하게 된다. '창조된 지식'이 생산과정에 동원된 것이다.

시장경제에서 제품의 가격은 그 사회가 소유한 자원과 지식을 효율적으로 쓰고 있는지 아닌지 시장 참여자가 판단하는 신호(signal)가 된다. 1달러짜리 연필이 효율적이지 않다는 것을 알아챈 사업자는 90센트짜리 생산프로세스를 도입한다. 이 때문에 사업이 부진해진 다른 사업자는 80센트짜리 혁신적인 생산프로세스를 고안해 낸다. 이러한 과정을 통해 사회에 '숨겨진 지식'과 '창조된 지식'이 동원된다. 누구도 계산하고 명령하고 동원하지 않지만 가격이 주는 신호가 그 사회의 지식과 자원을 총동원한다. 시장경제체제가 누리고 있는 풍요와 번영의 원천이다.

시민들에게 생필품을 공급해 주지 못하던 소련 체제는 1991년 붕괴되었다. 체제 경쟁은 끝났고 자유민주주의·시장경제체제가 유일무이한 현대 국가체제로 우뚝 섰다. 소련과 동구권 국가들은 과오를 깨닫고 신속히 국가체제 전환을 추진하였다. 그러나 빅뱅 방식의 전환 과정에서 경제는 혼란에 빠졌고 집권당이던 각국 공산당들은 모두 정권을 잃고

말았다.

3. 현대 국가체제 경쟁 제2라운드

(1) 이슬람의 거부

이슬람 세계의 생각은 달랐다. 국가 발전을 위해서는 자유민주주의와 시장경제를 받아들여야 한다지만 경건한 무슬림들은 자본주의의 풍요가 가져올 사회상을 혐오했다. 청빈하고 검약한 생활이 사치와 향락으로 흐를 것이다. 가족이 해체되고 이혼율이 증가하고 아이들이 버려질 것이다. '표현의 자유'란 이름 하에 음란한 음악과 영상이 백주대낮에 버젓이 공연될 것이다. 종교는 쇠락하고 풍속은 문란해지고 문화는 저속해질 것이다.

보편체제로까지 승화한 자유민주주의·시장경제가 가진 많은 장점에도 불구하고 그것이 불러온 전통문화의 해체 양상은 경건한 이슬람 세계에서는 도저히 받아들일 수 없는 것이었다. 게다가 그 체제는 이슬람의 적, 기독교 문명이 창조한 것이다.

서구문명이 가진 위험성을 가장 체계적으로 제시한 사람이 이집트 무슬림형제단의 지도자 사이드 쿠틉(Sayyid Qutb, 1906~1966)이다. 대학을 졸업하고 서양문명을 이해하는 드문 이슬람 지식인이었던 쿠틉은 만학의 나이인 42세에 미국으로 국비유학을 갔다가 오히려 미국 문화의 황금만능주의와 쾌락주의에 큰 반감을 가지게 되었다.

그는 귀국 후 쓴 『내가 본 미국생활』에서 미국 사회가 풍요로울지언정 인간 문명의 가장 타락한 형태임을 비난하였고 만년에 집필한 『진리를 향한 이정표』에서 코란 율법을 따르는 회교원리주의를 제창하였다. 호전적인 아랍민족주의자 가말 압델 나세르조차 회교원리주의의 위험성을 깨닫고 사이드 쿠틉을 구금하고 사형에 처할 지경이었다.

순교자 사이드 쿠틉의 가르침을 따라 회교원리주의는 점점 위세를 더해 갔다. 1979년의 이란 혁명, 아프가니스탄의 탈레반 집권과 2001년 알 카에다의 9·11 테러, ISIS의 이슬람 신정국가 건설 운동 등으로 이어졌다. 그들은 국가가 발전하려면 어떻게 해야 하는지 몰라서가 아니라 발전하면 어떻게 되는지 너무도 잘 알았기에 그 발전을 거부한 것이다.

(2) 사우디와 이란의 동병상련

사우디아라비아의 고민이 여기에 있다. 1932년 이븐 사우드가 건국한 사우디는 '성지 메카와 메디나의 수호자'라는 종교적 사명을 왕권의 정당성으로 내세우고 석유판매 대금으로 국민들을 부양하며 정권을 유지해 왔다. 왕가의 석유산업이 국민들을 부양하고 있으니 자유와 인권은 다소 희생되어도 큰 탈이 없었다.

그러나 오늘날 재생에너지로 전환을 추진중인 유럽과 미국의 움직임을 보면 석유 판매 사업이 계속 성장하리란 보장은 없다. 수요 정체에 유가 하락까지 겹치면 사우디 경제는 위험에 처하니 그 동안 왕권 유지를 위해 억제해 온 산업화를 더 이상 미룰 수도 없다. 새롭게 권력을 쥔 무하마드 빈 살만 왕세자가 사우디아라비아의 현대화를 위해 몸소 나섰다.

그러나 사우드 왕가가 산업화를 추진하다 시민들의 자유와 인권 요구가 터져나오면 절대왕정은 붕괴될지 모른다. 서구식 자유화를 추진하다 정권의 또 다른 축인 와하비 교단의 비토를 받으면 왕정의 정당성이 침식될 것이다. 사우디는 산업화를 추진해 나가되 왕정과 이슬람적 삶의 양식을 지켜나가야 하는 어려운 과제를 안고 있다.

공화정의 이란도 마찬가지다. 1979년 회교혁명 이후 45년동안 천국을 약속한 종교 지도자들의 비전은 지켜지지 않았고 반미 노선으로 국제사회에서의 고립은 계속되었다. 한 때 지역에서 자웅을 겨루던 사우디아라비아 대비 경제규모도 절반 미만으로 쪼그라들었다. 고립을 탈출하기 위해 개혁이 필요하고 그 선결요건은 인근 지역에서 적대관계를 청산하는 것이다.

개혁은 회교혁명의 실패를 자인하는 꼴이고 수니파 아랍국가들과의 적대관계 청산은 시아파 신정국가의 정체성을 뿌리째 흔들지 모른다. 2022년 10월에는 자국의 인권 상황을 자각한 이란 여성들이 목숨을 걸고 히잡 시위에 나섰다. 일단 종교경찰이 폭력으로 진압하지만 더 발전하면 색깔혁명이 이란 정부를 전복할지도 모른다.

사우디와 이란은 개혁으로 나아가되 그 과정에서 발생할 무질서를 바로 잡을 더 강력한 국가 통치 체제가 필요하다. 서구의 제도로는 안 된다. 중국이 여기에 답을 제공해 줄지도 모른다.

(3) 중국 국가통치체제가 주는 시사점

1989년 프랜시스 후쿠야마는 『역사의 종말』에서 세계 국가체제가 자유민주주의·시장경제로 일원화되는 미래를 예언했고 1991년 소련 붕괴로 그러한 예언이 실현되는 듯 했다. 동구권 국가를 비롯, 중국·베트남 등 동아시아 사회주의 국가들도 시장경제로 전환을 서두르자 더 이상 국가체제 논쟁도 의미가 없어지는 것 같았다. 현대 국가체제에서 시장경제는 자유민주주의와 함께 수레의 두 바퀴와 같은 것으로 중국이 시장경제로 이행한다는 것은 머지 않아 자유민주주의를 수용한다는 것을 의미한다고 이해되었기 때문이다.

그러나 중국의 길은 달랐다. 소련과 동구 사회주의 국가들이 시장경제와 정치민주화(다당제와 직접선거)를 함께 도입하는 빅뱅 방식의 체제전환을 시도하다 30여년 전에 몰락의 길을 걸은 것과 달리, 1978년 개혁개방 이후 45년이 지난 지금 중국식 사회주의는 살아남았을 뿐 아니라 21세기 들어 진화발전을 거듭하고 있다.

중국의 경제체제는 비록 거대한 국영부문이 공산당의 직접 관할 하에 있긴 하지만 개인의 직업선택 자유와 사유재산권을 인정하는 시장경제모델이다. 반면 정치체제는 당이 국가보다 우위에 있고 공산당이 유일정당으로서 정치·경제·사회문화 전 영역에 걸쳐 지도력을 행사한다(중국식 표현으로 공산당 영도체제). 이는 과거 소련의 레닌주의 정당의 전형적 모습이다.

그러나 모택동 시절의 대약진운동과 문화혁명의 비참함에 놀란 자유세계의 시민들은 등소평의 개혁개방 이후 레닌주의 정당이 어떻게 변화했는지 잘 이해하지 못한다. 거대한 대륙의 개혁개방 과업을 수행하기 위해 교육수준이 낮은 혁명관료들은 실사구시의 전문관료 집단들로 교체되었고, 중앙집권적 명령경제 방식을 폐기하고 중앙의 지도원칙에 큰 어긋남이 없으면 기업단위와 지방단위의 의사결정을 존중하는 방식으로 변화했다. 일인지배와 개인숭배를 금지하고 집단지도체제를 도입시켰고, 중국식 헌법과 법률에 의한 지배를 강조해 왔다.

사법과 무력에 의한 경성통제기제(hard control mechanism)가 엄연하지만, 조직과 여론을 장악하고 국민을 설득하는 연성통제기제(soft control mechanism)도 활발하게 작동한다. 위구르 지역의 집단수용소와 홍콩 보안법 사태, 그리고 코로나 정국의 반정부 시위가 주목 받지만 14억 인구 중 탄압의 매운 맛을 본 국민들은 극소수에 불과하다.

사회신용시스템과 안면인식 기술, 인터넷과 SNS 신매체에 대한 통제도 문제가 되지만 오히려 45년동안 개혁개방을 이끌며 천신만고 끝에 이룬 사회 안정을 해칠지 모르는 불순한 세력을 막기 위해 불가피한 조치라는 여론이 더 높다. 중국 국민들의 현 정부에 대한 지지의사는 2000년대 들어 언제나 80~90%에 이른다.

공산당은 엄격한 선발절차를 거친 당원 수만 해도 9,500만명에 이르는 매력 정당으로 변신한지 오래다. 그 중 8%만 공무원에 해당하는 당정간부이고 나머지는 민간인 신분으로 현 체제의 열렬한 지지그룹이다. 천안문 사태 이후 민주화 요구는 사라진 지 오래고 대신 애국주의 열풍이 불고 젊은 엘리트 대학생들의 꿈은 당원이 되는 것이다. 어떻게 이런 일이 가능한 것인가?

사우디와 이란이 직면한 문제에 대한 해결책이 여기에 있을지 모른다. 두 나라가 개혁으로 나아갈 때 솟구쳐 오를 자유와 민주에 대한 국민들의 요구에 두 나라 정부는 대응할 수 있어야 한다. 단순히 중국의 SNS 통제기술과 안면인식 카메라를 도입하여 틀어 막을 수 있는 문제가 아니다. 중국 국가통치체제에 대한 포괄적인 연구·분석이 필요하고 중국의 45년 노하우가 필요하다. 비밀스럽고 이해하기 힘든 중국 국가통치체제를 자신의 것으로 흡수하기 위해서는 중국인들의 전폭적인 도움도 필요할 것이다.

4. 본격화되는 국가통치체제 경쟁

복잡다단한 중동 지정학 구도에서 중국의 중재가 가능한 이유는 사우디와 이란이 중국으로부터 얻고자 하는 어떤 안보 이익이 있기 때문이다. 그것은 외세에 대한 안보(Exterior security)가 아닌 내치(Interior security)의 문제, 즉 중국식 국가통치체제(State governing system)이다.

서구사회가 중시하는 자유민주주의는 사실 대부분의 나라에서 우선순위가 아니다. 국가의 첫째 임무는 국민에게 안전과 풍요를 선사하는 국가건설(State-building)이고 이를 가장 단기간에 성취해 낸 나라 중 하나가 중국임은 부인하기 어렵다.

서구 체제가 가진 인류 보편의 가치는 여전히 위대하지만 2차대전 종전 후 70년이 넘는 세월 동안 자유민주주의 하에 시장경제를 성공시킨 나라는 한국과 대만 정도일 뿐이다. 싱가포르도 인민행동당이 장기 집권하는 연성권위주의를 벗어나지 못하고 있다. '역사의 종말'을 외친지 30여년이 지났음에도 전세계 인구 중 단지 20% 정도만이 풍요 속에 자유와 민주의 복락을 누리고 나머지 대부분의 국가들은 여전히 독재체제이거나 기껏해야 불완전한 자유(굶을 자유 혹은 실업의 자유) 속에 국민들이 방치되어 있을 뿐이다.

이들 국가의 엘리트들이 발전 국가를 꿈꾸며 자발적으로 중국식 국가통치체제를 도입한다면 어떻게 될 것인가? 자원대국인 중동과 중앙아시아 국가들이 벌써 여기에 합류하고 있고 라틴아메리카와 아프리카 저개발국도 중국의 경제적 지원을 기대하며 베이징으로 몰려든다. 최근 UAE가 중국의 전투기를 구입하고 베트남이 공산당 지도부를 친중 인사 일색으로 채운 것은 시사하는 바가 크다.

중국은 더 이상 소련식 명령경제가 아니고 하이에크가 말한 가격 메커니즘이 살아있어 지식의 총동원이 가능한 시스템이다. 남은 과제는 그 동안 투입주도 성장모형(Input driven growth model)과 모방전략(Catch-up strategy)으로 선진국 따라잡기에 어느 정도 성공하였지만, 앞으로 공산당 영도체제 하에서 창조와 혁신이 가능한지는 검증받아야 한다는 것이다. 이제 본격적인 국가체제경쟁 2라운드가 시작되고 있다.

미·중 패권경쟁은 단순한 국가이익을 다투는 차원을 넘어 미국식 자유민주주의와 중국 특색 사회주의의 체제대결 단계로 치닫는다는 사실은 과거 미·소 진영대결의 시대를 연상시키는 불길한 대목이다. 소련이 사회주의를 수출하려 애썼듯이 중국이 '중국 특색 사회주의'를 전파하려 한다면 세계질서에 어떤 일들이 생길 것인가?

미국은 중국에 대해 첨단산업과 금융만을 옥죄고 중·저부가가치 제품 무역을 허용하는 타협적인 길을 갈 것인가? 아니면 과거 미·소 진영대결처럼 전면적인 봉쇄의 극단적인 길을 갈 것인가? 미국과 중국 양국에 걸쳐 깊은 사업적 연관성을 가진 한국 경제가 체제대결 단계로 진입하는 미·중 패권경쟁을 관심 깊게 지켜봐야 하는 이유다.

참고 문헌

『중국의 통치 체제 1, 2』 조영남 저, 21세기 북스 : 중국의 통치체제 부분을 참조하였다. 이데올로기 측면보다는 실증적 측면에서 분석이 잘 되어 있고 최근 중국 통치체제의 변화 움직임도 잘 반영되어 있다.